Como Cuidar
de um Canceriano

Mary English

Como Cuidar de um Canceriano

Orientações da Vida Real para Relacionar-se
Bem e Ser Amigo do Quarto Signo do Zodíaco

Tradução:
MARCELLO BORGES

Editora Pensamento
SÃO PAULO

Título original: *How to Care for a Cancer.*
Copyright do texto © 2013 Mary L. English.
Publicado originalmente no RU por O-Books, uma divisão da John Hunt Publishing Ltd., The Bothy, Deershot Lodge, Park Lane, Ropley, Hants, SO24 0BE, UK.
Publicado mediante acordo com O-Books.
Copyright da edição brasileira © 2013 Editora Pensamento-Cultrix Ltda.
Texto de acordo com as novas regras ortográficas da língua portuguesa.
1ª edição 2013.

Todos os direitos reservados. Nenhuma parte deste livro pode ser reproduzida ou usada de qualquer forma ou por qualquer meio, eletrônico ou mecânico, inclusive fotocópias, gravações ou sistema de armazenamento em banco de dados, sem permissão por escrito, exceto nos casos de trechos curtos citados em resenhas críticas ou artigos de revista.

A Editora Pensamento não se responsabiliza por eventuais mudanças ocorridas nos endereços convencionais ou eletrônicos citados neste livro.

Editor: Adilson Silva Ramachandra
Editora de texto: Denise de C. Rocha Delela
Coordenação editorial: Roseli de S. Ferraz
Preparação de originais: Marta Almeida de Sá
Produção editorial: Indiara Faria Kayo
Assistente de produção editorial: Estela A. Minas
Editoração eletrônica: Join Bureau
Revisão: Vivian Miwa Matsushita e Indiara Faria Kayo

CIP-Brasil Catalogação na Publicação
Sindicato Nacional dos Editores de Livros, RJ

E47c
English, Mary
 Como cuidar de um canceriano: orientações da vida real para relacionar-se bem e ser amigo do quarto signo do zodíaco / Mary English; tradução Marcello Borges. – 1. ed. – São Paulo: Pensamento, 2013.

Tradução de: How to care for a cancer.
ISBN 978-85-315-1854-6

1. Câncer (Astrologia). 2. Astrologia. I. Título.

13-06620
CDD-133.54
CDU: 133.526

Direitos de tradução para a língua portuguesa adquiridos com exclusividade pela
EDITORA PENSAMENTO-CULTRIX LTDA., que se reserva a
propriedade literária desta tradução.
Rua Dr. Mário Vicente, 368 – 04270-000 – São Paulo – SP
Fone: (11) 2066-9000 – Fax: (11) 2066-9008
http://www.editorapensamento.com.br
E-mail: atendimento@editorapensamento.com.br
Foi feito o depósito legal.

Este livro é dedicado à astróloga Donna Cunningham,
pois sem seus sábios conselhos esta série de livros
nunca teria nascido.

♋ Sumário ♋

Agradecimentos 9

Introdução 11

1 O signo de Câncer 17
2 Como montar um mapa astral 36
3 O ascendente 43
4 A lua 52
5 As casas 64
6 Os problemas 73
7 As soluções 79
8 Táticas de cuidados 88

Notas 112

Informações adicionais 114

☙ Agradecimentos ☙

Gostaria de agradecer às seguintes pessoas:
Meu filho, por ser o libriano que sempre me faz enxergar o outro lado.
Meu marido taurino Jonathan, por ser o homem mais maravilhoso do meu mundo.
Mabel, Jessica e Usha, por sua ajuda homeopática e sua compreensão.
Laura e Mandy, por sua amizade.
Judy Hall, por sua inspiração.
Alois Trendl, por ser o pisciano que fundou o maravilhoso site Astro.com.
Judy Ramsell Howard, do Bach Centre, por seu estímulo.
John, meu editor, por ser a pessoa que lutou com unhas e dentes para que este livro fosse publicado, e toda a equipe da O-Books, inclusive Lee, Nick, Trevor, Kate, Catherine, Elizabeth, Maria e Mary.
Mary, Oksana, Fiona, Denise, Octinur e Jacqueline, por seus sempre bem-vindos olhares editoriais.
E finalmente, mas não menos importantes, meus adoráveis clientes, por suas valiosas contribuições.

♋ Introdução ♋

Quanto mais nos preocupamos com a felicidade dos outros, maior é a nossa sensação de bem-estar.

– Dalai Lama

Por que o título deste livro? Não me dispus a escrever uma série de livros de Astrologia. Comecei apenas com um, sobre o meu próprio signo, Peixes, ao qual dei o nome de *Como Sobreviver a um Pisciano*, um manual de instruções para ajudar as pessoas a compreenderem o meu signo. E quando meu editor aceitou o livro para publicação, ele o fez com uma condição, a de que eu não escrevesse apenas um livro. Foi então que percebi que estava com um longo projeto em minhas mãos! Quando terminei Peixes, meus clientes, amigos e familiares quiseram saber quando eu iria escrever sobre o signo *deles*. Como eu tinha começado pelo último signo do Zodíaco, achei que deveria ir de trás para a frente pelos signos, à maneira típica de Peixes, e assim estou em Câncer, o signo do caranguejo.

Este livro destina-se a ajudá-lo a compreender e a cuidar do canceriano em sua vida. Você mesmo pode ser um deles ou pode ter dado à luz a um, estar namorando um, ser parente ou amigo de um.

Todos os dias, milhões de pessoas leem suas estrelas por todo tipo de motivo. Algumas pessoas querem saber, em poucas palavras, o que vai acontecer com elas nas próximas 24 horas. Algumas são simplesmente curiosas e outras leem suas estrelas para obter orientação ou inspiração, ou quando estão se sentindo para baixo e precisam melhorar o humor.

Uma pesquisa do site YouGov feita com 2.090 adultos da Grã-Bretanha em 2010 revelou que apenas 2% dos participantes *não sabiam* qual era o seu signo estelar.[1] Isso significa que um percentual maciço, 98%, sabia.

E onde, você deve estar se perguntando, eles conseguiram essa informação? As três fontes principais de dados foram jornais, revistas e a Internet. Mas as colunas astrológicas dos jornais só começaram a ser publicadas em 1930, e por isso pessoas que nasceram antes desse ano (e minha mãe é uma delas) provavelmente não conhecem muito bem o seu signo, pois não foram educadas em uma época em que essas informações estavam disponíveis abertamente.

No entanto a Astrologia nasceu muito, mas muito antes de 1930, tendo surgido na Babilônia há mais de 3 mil anos.

O historiador Christopher McIntosh afirma, em seu livro *The Astrologers and Their Creed*:

> Os sacerdotes deste reino descobriram aquilo que se desenvolveu no que hoje chamamos de Astronomia, e o sistema zodiacal de planetas, o que chamamos agora de Astrologia. Durante muitas gerações, eles registraram meticulosamente os movimentos desses corpos celestes. Finalmente descobriram, graças a cálculos cuida-

dosos, que, além do Sol e da Lua, outros cinco planetas visíveis se moviam em direções específicas todos os dias. Eram os planetas que hoje chamamos de Mercúrio, Vênus, Marte, Júpiter e Saturno.

Os sacerdotes viviam reclusos em mosteiros, adjacentes a maciças torres piramidais de observação chamadas zigurates. Todos os dias, eles observavam o movimento dos planetas e anotavam fenômenos terrestres correspondentes, de inundações a rebeliões. Chegaram à conclusão de que as leis que governavam os movimentos das estrelas e dos planetas também governavam eventos na Terra.

No princípio, as estrelas e os planetas eram considerados deuses de verdade. Mais tarde, quando a religião ficou mais sofisticada, as duas ideias foram separadas e desenvolveu-se a crença de que o deus "governava" o planeta correspondente.

Gradualmente, foi se formando um sistema altamente complexo no qual cada planeta tinha um conjunto específico de propriedades. Esse sistema foi desenvolvido em parte por meio dos relatórios dos sacerdotes e em parte graças às características naturais dos planetas. Viu-se que Marte parecia avermelhado e por isso foi identificado com o deus Nergal, a divindade ígnea da guerra e da destruição.

Vênus, identificado pelos sumérios como sua deusa Inanna, era o planeta mais destacado nas manhãs, como se desse à luz o dia, por assim dizer. Por isso, tornou-se o planeta associado às qualidades femininas do amor, da gentileza e da reprodução.[2]

Mais tarde, a Astrologia abriu caminho pelos oceanos até a Grécia, o Egito e Roma, na Itália, e depois para o resto da Europa, mudando pouco em significado e conteúdo nessa época. Os primeiros astrólogos precisavam saber ler e escrever e calcular os difíceis posicionamentos matemáticos dos planetas, o que hoje os computadores fazem com facilidade. Você não terá dificuldade para montar os mapas astrais que vamos fazer neste livro.

Gostaria de fazer algumas distinções entre o que a Astrologia é e o que ela não é. Muita gente parece pensar que a Astrologia trata apenas de previsões. Como se tudo que os astrólogos fizessem o dia inteiro fosse "ver o futuro". Isso não é totalmente verdadeiro. Há astrólogos de todo tipo, assim como há pessoas de todo tipo. Alguns astrólogos se interessam pela história da Astrologia, alguns se envolvem com aconselhamento pessoal ou empresarial, outros, com colunas de signos na imprensa ou com a análise de personalidade. Alguns se interessam por psicologia, saúde, relacionamentos ou política, mas todos, acima de tudo, interessam-se pelos "porquês" da vida e por suas razões. Eles se interessam pelo *sentido* da vida.

Princípios Básicos

Como diz Nicholas Campion:

> *"As descrições de caráter da Astrologia são os mais antigos modelos psicológicos do mundo, sendo até hoje a forma mais conhecida de análise de personalidade".*

Quando falamos de signos solares, estamos nos referindo ao signo em que estava o Sol (aquela grande bola de chamas) no dia em que a pessoa nasceu. E a Astrologia não trata apenas do Sol. Juntamente com a Lua e o Sol, há pelo menos outros nove corpos celestes no céu que observamos, e cujas trajetórias traçamos em sua órbita em torno do Sol: Mercúrio, Vênus, Marte, Júpiter, Saturno e os três planetas descobertos mais recentemente, Urano, Netuno e Plutão, os quais abordo respectivamente em meus livros *Como se Relacionar com um Aquariano*, *Como Sobreviver a um Pisciano* e *Como Conquistar a Confiança de um Escorpiano*.

A Astrologia e a Astronomia já foram a mesma ciência, mas agora se afastaram. Ainda usamos dados astronômicos para calcular um mapa astral, mas a diferença entre os astrônomos e nós é o *significado* por trás dessas posições planetárias.

Atendo particularmente como astróloga e homeopata. Escrevo a partir de minha experiência pessoal e sou orientada pelos clientes que atendo. As pessoas não me procuram para uma leitura ou consulta quando estão se sentindo felizes e bem dispostas. Não, elas me procuram quando querem encontrar o "Caminho da Alma", ou depois do fim de um casamento, quando estão se mudando, trocando de emprego ou num tipo qualquer de situação desesperadora.

Espero que eu consiga ajudar as pessoas que me procuram, pois aquilo que me levou em primeiro lugar a trabalhar neste ramo foi o fato de eu mesma ter procurado a ajuda de diversos *astrólogos* ou terapeutas.

A maioria das coisas que vou lhe contar são coisas que eu mesma experimentei e recomendei a meus clientes, e por isso sei que funcionam.

Meu editor vendeu os direitos de publicação desta série para a Editora Pensamento, no Brasil, e por isso gostaria de deixar um "alô" para os leitores brasileiros.

Assim, estamos no quarto signo do Zodíaco – Câncer. Vamos conhecer um pouco esse signo e saber como cuidar de um canceriano.

Bath, 2012

Capítulo 1

♋ O signo de Câncer ♋

Câncer é o quarto signo do Zodíaco. Para chamarmos alguém de "canceriano", normalmente ele precisa ter nascido entre 21 de junho e 21 de julho. Digo normalmente porque depende da hora do dia em que seu canceriano nasceu e do lugar do mundo.

Se ele nasceu no primeiro dia ou no último dia do signo, confira duas vezes com um bom site astrológico da Internet ou um bom programa de computador para ter certeza de que ele *é mesmo* canceriano. Não sei dizer quantas pessoas eu conheci que achavam que eram de um signo e diziam que a Astrologia era uma bobagem porque nada parecia corresponder a elas, quando, na verdade, eram do signo vizinho. Não existe isso de cúspide, ou você é de um signo ou de outro, e não dá para ser dos dois. Mas vou lhe explicar como montar um mapa natal/astral preciso usando um recurso *on-line* gratuito, então você não precisa se preocupar. Vamos conseguir a informação correta.

A natureza de Câncer é bem diferente da de todos os outros signos do Zodíaco. Não tenho muita certeza da razão disso, mas descobri que, embora seja um signo de Água, ele não é nem um pouco parecido com os outros dois signos desse elemento.

Imagino que você vá dizer que todos os signos são diferentes, mas há muitas semelhanças entre Sagitário e Gêmeos, por exemplo: ambos são signos mutáveis, gostam de mudanças e também de viajar e de conversar.

Câncer parece pertencer a uma classe própria. Pode ser por causa de seu regente, do qual vamos falar num minuto, ou porque é o primeiro signo de Água do Zodíaco, ou talvez porque – e creio que deva ser este o ponto – Câncer é *o mais* emotivo dos signos, e, como regra geral, a maioria das pessoas não sabe lidar muito bem com as emoções.

Ontem, conversei com uma senhora de Aquário e ela me falou de seu irmão canceriano, explicando por que ele a enfurecia. Ela disse que em algumas ocasiões se sentiu tão afetada com a profundidade e a força das emoções dele (quando surgiam) que teve a sensação de que estava se afogando nelas.

Achei esse comentário muito interessante. Imagine a sensação de ser essa pessoa de Câncer e ter esses sentimentos pujantes, sendo tão subjugado que as outras pessoas acham que estão se afogando neles e que nada vai acontecer enquanto esses sentimentos não desaparecerem.

A Lua: Nosso Vizinho Celeste mais Próximo

Cada signo do Zodíaco tem um planeta que "cuida dele". Chamamos esse planeta de "regente". O regente de Câncer é a Lua, aquele maravilhoso disco branco no céu noturno.

Um pouco como o signo de Câncer, nosso mundo ocidental moderno não atribui grande importância à Lua. E agora que o "homem" pousou nesse satélite, é como se todo o encanto associado a ela tivesse se esgotado. No entanto muitas culturas, felizmente, ainda têm afinidade com nosso pequeno satélite.

Tenho um telescópio bem simples que uso de vez em quando, e a primeira vez em que o utilizei, consegui ver a superfície da Lua. É uma visão maravilhosa!

Não se preocupe muito com os outros planetas; a Lua é nosso vizinho mais próximo. (A Lua é chamada de planeta na Astrologia, mas, tecnicamente, na Astronomia é considerada um satélite.) Poesias foram escritas sobre ela, que também serviu de inspiração para quadros, canções, religiões e explorações. Ela tem fascinado as pessoas desde o início dos tempos. Com certeza, a Lua fascina os astrólogos porque a usamos para compreender a constituição emocional de uma pessoa. Falarei mais sobre isso no Capítulo 4.

As primeiras civilizações acompanharam as fases da Lua, pois é o planeta que se vê mais facilmente a olho nu. Em algumas culturas, a Lua tem sido venerada. E com razão, pois sem ela não haveria nada que nos lembrasse de que fazemos parte de um sistema maior, de uma comunidade muito mais extensa que, infelizmente, não compreendemos muito bem. Agora, estamos tão focados na tela de nossos computadores, nossas TVs e nossos celulares que não passamos muito tempo contemplando o céu noturno. Quando chega o crepúsculo, voltamos para casa sob a claridade da iluminação artificial ou de lâmpadas alógenas de segurança; antigamente, porém, as pessoas iam dormir quando o Sol se punha ou usavam a luz da Lua para se orientar, se o céu noturno estivesse limpo.

Refletindo a Luz

A Lua não produz luz própria, e parece brilhar porque reflete a luz do Sol. Nem chegamos a ver toda a sua superfície, pois *"mais de 40% da superfície lunar mantém-se permanentemente fora da vista da Terra"*,[3] e assim vemos quase exclusivamente características de uma face da Lua. Essa paisagem lunar quase não mudou em milhões de anos porque a Lua, diferentemente dos outros planetas de nosso Sistema Solar, não tem clima ou atividade. É um mundo inativo e sólido.

A superfície é coberta por poeira formada por bilhões de anos de impactos, daí as crateras que vemos hoje com telescópios, ou mesmo numa noite clara, a olho nu. A gravidade da Lua é seis vezes menor do que a da Terra, motivo pelo qual os astronautas da Missão Apollo conseguiam pular para lá e para cá ao saírem do módulo lunar. Essa atração gravitacional também causa as marés que elevam e abaixam nossos mares diariamente. Quando a Lua está mais próxima da Terra, o lado da Terra mais próximo da Lua apresenta maré alta, bem como seu lado oposto.

Quando a Lua está no ponto mais distante, as marés se mantêm baixas. Se você observar fotos feitas com intervalos de tempo no YouTube (basta digitar "timelapse tides"), poderá ver como a linha do litoral muda em 24 horas. Enquanto você está na praia, a menos que passe o dia inteiro nela, não vai notar o avanço e o recuo do mar. Creio que é por isso que muita gente fica encalhada quando a maré sobe.

Lembre-se disso sobre a Lua, como seu efeito sobre as marés pode ser imperceptível, mas consegue sobrepujá-lo se você não estiver preparado.

♋ O signo de Câncer ♋

Na Astrologia, consideramos a Água o elemento que representa as emoções, e por isso o signo de Câncer, regido pela Lua, pode parecer gentil e sensível, mas tope com um deles num "dia ruim" e você ficará (e ele também) tomado e/ou inundado por suas emoções. Em outras palavras, vocês dois ficarão mais sensíveis às ondas sísmicas das emoções.

Caminhando na Lua

É interessante observar que uma das últimas pessoas a caminhar sobre a Lua foi um homem chamado Harrison Schmitt. Ele não só era astronauta, como também canceriano.

Ele ficou tão impressionado com sua experiência que escreveu um livro chamado *Return to the Moon: Exploration, Enterprise, and Energy in the Human Settlement of* Space,[4] que discute os prós e os contras de se viver na Lua e quais os trajes especiais, as considerações e os exames físicos necessários para que isso possa acontecer. Não houve mais nenhuma exploração na superfície lunar desde 1972. Talvez seja melhor deixar nosso vizinho celeste em paz.

A Lua e os Cancerianos

Alguns cancerianos "entraram em contato" com a Lua, o que considero uma ideia muito boa, pois isso os ajuda a se sentir mais "no fluxo".

Eis Stephanie, mãe de um pisciano. Ela nasceu na Alemanha e foi trabalhar na Grã-Bretanha. Ela é enfermeira e também trabalha como terapeuta. Perguntei a Stephanie o que ela acha da Lua:

"Faz algum tempo que comecei a usar um calendário lunar. Devo dizer que ele funciona muito bem para mim. Agora, sei quando tenho meus períodos intensos ou energéticos e quando tenho os mais brandos. Por exemplo: tenho de preparar alguns relatórios em casa e há dias em que consigo escrever tudo com muita facilidade, e outros – uma semana depois, digamos – em que tenho dificuldade. Olho o meu calendário e entendo o motivo... a fase da Lua. Geralmente, quando a Lua está prestes a ficar cheia ou nova, fico mais ativa. Hoje em dia, sei quase automaticamente em que fase da Lua nós estamos; a espiada no calendário é apenas para comprovar. Ficou mais claro entender por que as coisas não vão tão bem num dia ou numa semana em comparação com outra. Chego a cortar as unhas segundo o calendário lunar e às vezes consigo sentir quando é hora de fazê-lo".

O Que Faz um Canceriano Feliz?

Tom é canceriano, professor aposentado de marcenaria e desenho, e mora em Minnesota, nos Estados Unidos.

Perguntei-lhe o que o faz feliz:

"Pescar, dançar, jogar softbol, cantar no coral, cozinhar, minha esposa, nossa casa".

Douglas é canceriano com Ascendente em Touro e Lua em Áries. Mora e trabalha em Bristol, na Grã-Bretanha. É autônomo e instala canalizações de gás e água, mas a recessão cobrou-lhe um preço, pois pouquíssimas casas novas têm sido construídas e ele precisa trabalhar longe de casa, o que ele não gosta de fazer. Perguntei-lhe o que o faz feliz e ele disse que é apaixonado por *skittles*, que joga desde que era moço, e que seu evento mais memorável foi ter conquistado o título de Simples. *Skittles* é um jogo inglês praticado principalmente em *pubs* e consiste em se jogar bolas de madeira em pinos também de madeira para derrubá-los. É um passatempo bem antigo, algo que um canceriano adora *porque* é antiquado.

Perguntei a Stephanie o que a fazia feliz:

> *"Quando tudo está em paz e harmonia, um maço de flores, um bom abraço (do meu filho ou do meu marido), passar o tempo com minha família, um clima agradável (sol, temperatura amena e céu azul), bom relacionamento com amigos e familiares, boa comida e cozinhar".*

Gostei do fato de ela não ter dito apenas "um abraço" de seu marido ou de seu filho, mas "um bom abraço", como se houvesse várias versões de abraços! Fiquei me perguntando se os cancerianos têm um abraçômetro que funciona internamente para medir a qualidade dos abraços. Depois de pensar nisso, encontrei a resposta.

Em 2007, o jornal *The Guardian* pediu a catorze figuras públicas para manterem um diário durante uma semana. Uma das pessoas foi a atriz canceriana Diana Rigg (que estrelou em *Os Vingadores*).

No terceiro dia (domingo), ela escreveu:

> *"Combinei de ir ver Rachael, minha filha, mas ela teve de sair do local das filmagens, e por isso ficarei sem um abraço. Nós duas damos bons abraços. Acredito muito em abraços. Classificar as pessoas com base em sua abraçabilidade é divertido. Acho que Gordon*

> *Brown abraça bem, mas a cabeça dele fica longe, e a gente percebe. David Cameron – rápido e eficiente, mas não dá conforto. Sir Menzies? Esqueça. Zoë Wanamaker, pelo que sei, abraça bem. Às vezes, fico pensando nesses velhinhos aposentados e enfiados em suas casas. Como eles devem sentir a falta de um contato humano caroroso... Sei que tem gente que leva cães para visitá-los, pois seus efeitos benéficos foram reconhecidos; por que não levam uma pessoa amável para dar abraços?"*[5]

Quanto mais eu leio e aprendo coisas sobre cancerianos, mais eu penso que devia ter chamado este livro de "Como Abraçar um Canceriano". Mas esse título seria um tanto tolo e não ajudaria muito, porque não é só de abraços que eles precisam. Eles precisam que compreendam seus sentimentos.

Harriet é consultora em desenvolvimento profissional no centro de atendimento a clientes da câmara dos vereadores de sua cidade. Ela mora e trabalha perto de Londres.

Perguntei-lhe o que a faz feliz.

> *"Nada me deixa mais feliz do que passar algum tempo com as pessoas que amo. Minha família e meus amigos são o meu mundo. Sou uma pessoa muito sociável e, embora ache que tenha muitos 'amigos', tenho um pequeno número de amigos sinceros que sei que sempre estarão na minha vida. Adoro passar o tempo em casa. Sou uma pessoa realmente caseira. Adoro dormir, comer e beber bem, bons filmes e boas músicas. Além disso, adoro cantar!"*

Como se pode ver neste exemplo, Harriet se sente perfeitamente feliz em casa, na companhia das pessoas queridas. Como isso parece simples e reconfortante!

A Opinião dos Astrólogos

Para termos uma ideia daquilo que os astrólogos dizem sobre Câncer, vamos perguntar a opinião de alguns deles.

Eis o que diz Colin Evans em seu *The New Waite's Compendium of Natal Astrology*, publicado em 1971, mas escrito em 1917:

> *"As pessoas de Câncer são muito emotivas e sensíveis, são intensamente românticas e têm uma imaginação viva. Como o caranguejo, seu símbolo zodiacal, são extremamente persistentes... Parecem atraídas por reuniões e situações similares, nas quais a sensação é a principal atração... suas feições tensas e seus gestos excitados refletem os pontos altos e baixos dos destinos desse grupo, e depois, completamente submetidas às sensações, elas gritam os nomes de seus ídolos particulares, com admiração, elogios, intensidade, segundo seu humor, mas sempre de maneira pessoal, embora nunca o tenham encontrado na vida... Essa propensão para absorver a natureza dos outros deve servir de advertência ao canceriano para que escolha com cuidado seus ambientes e amigos. No fundo, adoram todas as coisas místicas e ocultas, antigas e curiosas. Apreciam o conforto do lar, as facilidades e o luxo. A sensibilidade com relação à família, a amigos e conhecidos é uma característica bem marcante deles. A capacidade de retenção e a tenacidade fazem parte deles, e mesmo na faculdade da memória isso é notado, pois eles conseguem se lembrar com detalhes precisos de incidentes mínimos que podem ter acontecido muitos anos atrás".*[6]

Humm. Parece muito revelador. Será que todos os cancerianos são assim?

Vamos perguntar a Adrian Duncan (astrólogo e canceriano), autor do programa astrológico *World of Wisdom*:

> *"O vínculo com sua mãe foi particularmente influente. Você é sensível e se magoa facilmente – embora isso nem sempre fique aparente em seu exterior. Do mesmo modo, você é leal e apaixonado na defesa daqueles que você ama – quem os fere também o está ferindo. Você tem uma forte natureza instintiva e protetora... Você tem grande talento para construir um ambiente acolhedor para aqueles que lhe são próximos, que também poderá ajudar a dar mais segurança para aqueles que não são necessariamente tão próximos. Você se abala facilmente com as mudanças de seu ritmo diário e pode ficar de mau humor quando tem de mudar comportamentos habituais. Seu lar é seu castelo".*[7]

Concordo com esses sentimentos.

Agora, vamos perguntar para uma astróloga. Será que ela tem uma visão diferente?

Eis o que diz Rae Orion em seu *Astrology for Dummies*:

> *"Regido pela cambiante Lua, você é atencioso, consciente, uma criatura de muitos humores. Mas embora às vezes se sinta à deriva num oceano de emoções, você é determinado com relação às suas metas – e geralmente as atinge".*[8]

E eis o que diz Linda Goodman em seu *Linda Goodman's Sun Signs*, de 1968:

> *"Suas lágrimas nunca são lágrimas de crocodilo. Elas fluem dos rios profundos de seu coração, frágil e vulnerável. Você pode ter seus*

delicados sentimentos feridos por um olhar duro ou um tom de voz mais severo. A crueldade pode provocar lágrimas ou a retração total... em meio à incerteza, ao desespero e à tristeza, as pessoas de Câncer buscam refúgio e solidão. Como os caranguejos de verdade".[9]

Por último, vamos dar uma olhada no que dizem Felix Lyle e Bryan Aspland em seu *Instant Astrologer*:

"Câncer: protetor, persistente, imaginativo, sensível, nostálgico, duro, voltado para o clã, melindroso, apegado, possessivo, ousado, atencioso, manipulador, intuitivo, complexo, medroso, dependente".[10]

Creio que é seguro dizer que as palavras-chave do signo solar de Câncer são maternal/nutriz; genioso e emotivo; caseiro e direcionado para a família.

Maternal/Nutriz

Os cancerianos que conheço (e não são poucos, tenho também um sobrinho e uma sobrinha) definitivamente gostam de nutrir e de "cuidar" de pessoas e de animais. São aqueles que as pessoas procuram para contar seus problemas, ganhar um abraço se estiverem aborrecidas, cuidar de braços abertos de seu bichinho de estimação ou de seu bebê, e eles gostam de se sentir necessários.

TODOS os cancerianos que conheci têm um vínculo forte com a mãe ou com o principal cuidador. Mesmo que não se deem muito bem com ela, ainda assim procuram o toque gentil da pessoa que cuida deles. Se um canceriano me procurar e sua mãe tiver morrido recentemente, os alarmes irão soar...

Veja o que o astro pop inglês George Michael diz que aconteceu depois que sua mãe morreu:

"Enfrentei uma grande depressão depois que minha mãe morreu. Perder a mãe e a pessoa amada em apenas três anos é duro".

Harriet fala do relacionamento com sua mãe:

"Além de ser uma pessoa maravilhosamente bondosa, amável, que sempre nos apoiou, também nos damos bem como amigas. Temos personalidades muito similares e rimos muito juntas! Entretanto mamãe é definitivamente mais assertiva do que eu. Conto tudo para ela, e nada é melhor do que um abraço de mamãe. Eu não sei o que faria sem ela!"

A mãe de Stephanie é de Peixes (bem como o filho dela) e mora na Alemanha. Eis o que Stephanie fala sobre seu relacionamento:

"Tenho um bom relacionamento com minha mãe, que é de Peixes. Às vezes, discuto com ela quando temos de tomar decisões: mãe, eu encontrei um voo interessante para você nos dias tal e tal, não quer vir? Sua resposta seria: ainda não sei, podemos esperar para ver se encontramos um melhor, ainda temos tempo... e de repente ela telefona para dizer que reservou um voo, um completamente diferente, em data diferente. Ela sempre precisa de tempo para pensar nas coisas. Ela pode ser muito maternal e amiga ao mesmo tempo. Ela sempre esteve por perto quando precisei dela, e acho que isso forma um relacionamento bom e confiável".

Essas duas mulheres têm mães compatíveis em termos astrológicos. A mãe de Harriet é de Virgem, signo de Terra (saiba mais lendo meu livro *Como Acalmar um Virginiano*), e a mãe de Stephanie é de Peixes (consulte meu *Como Sobreviver a um Pisciano*), e Água e Terra se entendem bem, assim como signos do mesmo elemento, Água. Isso não significa que todos os nativos de Água ou de Terra vão se dar bem com todos os outros nativos de Água ou de Terra, mas ajuda em termos de compreensão e empatia.

Aumenta a probabilidade de se entenderem direito.

Mesmo que não sejam mães, cancerianas nutrem e "cuidam" daqueles que estão próximos – os demais membros da família, irmãos, primos, sobrinhos, estendendo-se até o trabalho. Conheço cancerianas que não são casadas, mas que conseguem "ser mãe" das pessoas com quem trabalham e de outros membros da família. Isso acontece porque gostam de cuidar, de serem cuidadas, e as pessoas tendem a tratar as outras da maneira como querem ser tratadas... e pessoas de Câncer adoram cuidar dos outros.

Isso pode criar um conflito interior em seu canceriano caso a Lua dele (sobre a qual vamos falar com detalhes no Capítulo 4) esteja num signo que não se entende muito bem com seu signo solar.

Eis o que diz Donna Cunningham, maravilhosa astróloga e escritora, se referindo aos pontos positivos e negativos de quem é canceriano.

Do que você gosta e o que você detesta no fato de ser canceriana?

"Tenho uma quadratura quase exata entre meu recluso Sol em Câncer na casa 12 e minha aventureira Lua em Áries no Meio do Céu.

Minha Lua em Áries não gosta muito de meu Sol em Câncer, que é muito choroso e tímido, enquanto meu Sol em Câncer costuma se sentir dominado e intimidado pelas ações rudes e pelas exigências impetuosas de minha Lua em Áries.

Venho trabalhando há mais de 40 anos para superar as características negativas de Câncer, como a hipersensibilidade, o apego ao passado e toda essa angústia com relação à família. Parece que sou sempre imatura, e não gosto disso em mim, nem um pouco. Para não falar do apego excessivo à comida. Só por hoje, não estou apaixonada por qualquer coisa relacionada ao fato de ser canceriana. EU NÃO SOU maternal".[11]

Talvez Donna não seja maternal num sentido literal, mas ela tem ajudado pessoas e cuidado delas desde cedo. Ela fez mestrado em assistência social, foi diretora de serviços sociais num hospital do Brooklyn e trabalhou como assistente social em Nova York e na Califórnia. Tem mais de 40 anos de prática profissional, aconselhando clientes por meio da Astrologia, da psicologia, da espiritualidade e do bom senso. Se isso não é cuidar dos outros, não sei o que pode ser!

Genioso e Emotivo

Dizem que é melhor ser pobre e feliz do que rico e triste, mas que tal um meio-termo, como moderadamente rico e só genioso?
– Princesa Diana

Isso pode soar como uma queixa de outros signos contra Câncer – que eles são geniosos e emotivos. Em defesa deles, creio que é importante que *tenham* essas características, pois do contrário o mundo seria um cenário muito estéril, sem sentimentos.

Esse lado genioso, sujeito a flutuações de humor, pode se manifestar pelas lágrimas, algo que muitos cancerianos confessam fazer.

Eis Harriet novamente:

"Sou muito emotiva e minha família e meus amigos me consideram chorona! É verdade que choro com facilidade, seja porque esteja feliz, triste ou alguma outra coisa, e durante meu ciclo menstrual isso aumenta umas dez vezes! Lembro-me de uma ocasião em que alguém me perguntou se eu queria uma bebida, e como não consegui me decidir, comecei a chorar!

Além disso, só no último ano é que melhorei em relação ao choro causado pela raiva – a raiva costumava se manifestar por meio de lágrimas descontroladas, o que tornou qualquer tentativa de enfrentar alguém um verdadeiro desafio (e era muito frustrante – o que só fez aumentar as lágrimas!)".

Há muito tempo, quando trabalhava com vendas, uma de minhas colegas de trabalho era canceriana. Todos os meses, ela se transformava numa verdadeira fonte de hesitação e tirava dias de licença por causa de seu ciclo menstrual. Testemunhei-a ficando zonza e desmaiando uma vez e fiquei contente por ela não ir trabalhar naquelas condições, pois tínhamos de mantê-la na enfermaria o dia todo e ficar de olho nela, o que é difícil quando você precisa cuidar da equipe, escrever listas, agradar os clientes etc.

No entanto, quando ela foi mãe, o problema mudou, e ela assumiu o novo papel como um pato na água...

Stephanie resumiu a coisa da seguinte maneira:

"Sou muito emotiva e choro com facilidade".

Essa faceta emocional pode ser uma bênção e uma maldição. Veja a Janine. Ela cuida da empresa de sua família em Edimburgo, vendendo tapetes orientais feitos à mão.

"Bem, é preciso que as pessoas se sintonizem com as nossas emoções. Muita gente não faz isso. Elas não veem, não sentem e nem vivenciam nosso lado emocional. Você precisa tocar um canceriano e literalmente olhar nos seus olhos, sintonizar-se com o que ele está sentindo e lhe perguntar 'Como você está se sentindo?'. Segure-o, abrace-o."

Ela me disse que às vezes, quando era menina, brigava com sua mãe e esta a mandava para o seu quarto. Essa atitude era bem negativa, pois ela se sentia ainda mais abandonada e incompreendida. Chorava ainda mais, e não a deixavam descer as escadas enquanto não se comportasse. Ela disse que tudo isso poderia ter sido evitado se sua mãe a deixasse falar sobre o que ela sentia, e com a conversa ela recuperaria o equilíbrio emocional. Ela disse que é a única da família que abraça os outros (muitos dos familiares são de signos de Ar), e um toque suave e um braço à sua volta faz com que se sinta apoiada, "em casa". Hoje em dia, se algum conhecido se sente mal ou chora, ela o abraça imediatamente e o deixa chorar em seu ombro. Ela faz isso automaticamente.

A Casa, o Lar e a Família

Nunca se chega a casa, mas onde quer que caminhos amigáveis se encontrem, o mundo inteiro se parece com o lar durante algum tempo.

– Hermann Hesse

Definitivamente, para um canceriano o lar é onde seu coração está. Richard Branson é um empreendedor inglês que começou a vida empresarial administrando a Virgin Records e agora gerencia ou é acionista de empresas de entretenimento e de transportes ferroviários e aéreos, num total de mais de quatrocentas companhias.

Ele diz:

"Não consigo me lembrar de um momento em minha vida em que não tenha sentido o amor de minha família. Éramos uma família que mataria para defender os outros – e ainda somos assim".

Vários cancerianos com quem eu conversei tinham opiniões, posições e sentimentos com relação ao lar e à família.

Charlotte é uma aquariana cercada por cancerianos. Seu pai, já falecido, era canceriano. Ela me disse que:

"Ele costumava dizer que a melhor parte das férias era voltar para casa. Acho que uma vez ele teve de passar uma semana fora e não aproveitou nem um pouco".

Ela também tem um irmão canceriano que, embora goste de trabalhar longe do lar, quando está em casa:

"Está sempre fazendo coisas, e criou uma oficina incrível em casa; é um artista, e tem essas coisas para artesanato, além de aparatos (principalmente alguns que ele mesmo inventou) e coisas de computador".

Sobre seu amigo Rowland, infelizmente falecido:

"Ele tinha seus 'brinquedos' favoritos em casa, como um grande trem elétrico no sótão e um órgão pequeno que ele gostava de tocar, e adorava receber os amigos".

Não importa a classe social à qual seu canceriano pertença, ele mantém um forte vínculo com a família. Até a princesa Diana, ex-esposa do príncipe Charles, teria dito que:

"A família é a coisa mais importante do mundo".

A vontade de recriar a vida doméstica no local de trabalho ou junto a amigos pode se manifestar de maneiras estranhas.

Tom, que já conhecemos, é professor aposentado de marcenaria e desenho e mora em Minnesota, nos Estados Unidos. Sua esposa me falou um pouco do seu lado compassivo:

"Ele quer alimentar o mundo e se condói de todos os que não têm o que comer. Conta histórias da época em que estava na escola e dava dinheiro para os amigos almoçarem ou os levava para jantar em sua casa. Hoje ele é voluntário em uma organização que serve refeições aos necessitados".

Que homem decente! Que consideração! Levar um colega de escola para comer em sua casa se ele estivesse precisando. Conheço um jovem canceriano que prefere levar a culpa quando seus amigos discutem um com o outro do que vê-los discutindo. Os cancerianos, como signo de Água que são, não gostam de discussões. Deixam isso para os signos de Ar e de Fogo, que adoram um bom "debate"!

Capítulo 2

☙ Como montar um mapa astral ❧

Montar um mapa astral, ou mapa natal, como é chamado nos Estados Unidos, ficou muito mais fácil agora com o advento dos computadores. O que complicou o processo é a enorme quantidade de informações que o seu programa de computador ou o website vão fornecer.

Todos os dias, recebo um e-mail de alguém que conseguiu montar seu próprio mapa astral *on-line* e agora quer saber o que *significa tudo aquilo*.

Para os propósitos deste livro, você não precisa saber muita coisa, só o suficiente para ajudá-lo a ter confiança e compreender um pouco a Astrologia e o canceriano em sua vida.

Precisamos de três informações importantes antes de começar: a data, o horário e o local de nascimento do seu canceriano.

Precisamos da data, pois ela vai nos dizer se o seu canceriano é mesmo canceriano. Se ele nasceu entre 21 de junho e 21 de julho, provavelmente é de Câncer. Mas tome cuidado: se ele nasceu nas datas do começo ou do fim, o local e o horário de nascimento podem mudar as coisas.

Vou dar um exemplo:

A senhora Smith nasceu em Ballen, na Dinamarca, em 21 de junho de 1921, à 0h17. Bem no último dia... no início da madrugada. Ela é geminiana, com Ascendente em Peixes e Lua em Capricórnio.

Sua amiga, a senhora Brown, nasceu no mesmo dia e na mesma hora em Brisbane, na Austrália, mas ela é geminiana com Ascendente em Áries e Lua em Capricórnio.

Um amigo das duas, o senhor White, também nasceu na mesma data e no mesmo horário, mas seu local de nascimento foi um hospital de Nova York, nos Estados Unidos.

O senhor White é canceriano com Ascendente em Peixes e Lua em Capricórnio.

Embora os três nascimentos tenham ocorrido no mesmo dia do mesmo ano e no mesmo horário, ocorreram em locais diferentes, por isso dois deles são geminianos e um é canceriano, dois têm o mesmo Ascendente, mas signos solares diferentes, e todos têm a Lua em Capricórnio.

Para facilitar isso, você precisa imaginar, por um instante, que o pequeno mapa do céu que vamos fazer do nascimento de seu canceriano equivale a olharmos para o firmamento no dia do nascimento... e nós aqui na Terra fazemos parte de um lugar muito maior – o Universo. E, em nosso pequeno recanto do Universo, estamos todos girando ao redor do Sol. Por isso, a vista do céu que se tem em Brisbane, na Austrália, é diferente da que se tem em Ballen, na Dinamarca.

Os astrólogos usam informações astronômicas, e você deve agradecer às estrelas da sorte por não precisar calcular todos os graus de longitude e latitude, derretendo os miolos ao fazê--lo... Basta deixar o software do site fazer as contas.

Se o seu canceriano nasceu na Escócia, o horário de nascimento dele estará na certidão de nascimento.* Infelizmente, se ele nasceu na Grã-Bretanha, essa informação útil não estará automaticamente em sua certidão, a menos que ele tenha um irmão gêmeo. Se você tiver sorte, o registro do hospital ainda pode existir, ou a mãe ou o pai dele podem se lembrar, e, se você tiver muita sorte mesmo (e eu tive), ele terá um parente que gosta de Astrologia e que registrou o horário.

Se ele nasceu nos Estados Unidos, você tem sorte, pois o horário constará da certidão de nascimento.

Como você pode escolher um dentre diversos sites especializados, vamos usar aquele que eu mesma uso, porque sei que é preciso e gratuito.

Entre em www.astro.com e crie uma conta.

Eles vão lhe pedir o seu e-mail e nada mais (a menos que você queira acrescentar outras informações).

Você pode criar um mapa como "guest user" (usuário convidado) ou fazer o que recomendo, que é criar um "free registered user profile" (perfil gratuito de usuário registrado). Isso significa que, sempre que você fizer login, o site vai saber quem é você, facilitando a sua vida. Além disso, o astro.com (chamado Astrodienst, o que significa "Serviço Astro") é um site usado por muitos astrólogos profissionais. Ele recebe mais de 6 milhões de visitantes por mês e tem mais de 16 mil membros no seu fórum, por isso você estará em boa companhia.

Digite todos os dados.

---

* As certidões de nascimento mais recentes no Brasil também trazem essa informação, na maioria dos casos (N. do T.).

Você vai precisar saber a data, a hora e o local de nascimento do seu canceriano.

Se não tiver certeza da hora, use 6h00 (seis da manhã), mas você terá de pular os Capítulos 3 e 5, sobre as casas e o Ascendente.

Depois que tiver digitado todos os dados –

Data
Horário
Local de nascimento

– poderá pedir o cálculo do mapa.

Vá até a página marcada "free horoscopes" (horóscopos gratuitos) e desça pela página até a seção nomeada como:

Extended Chart Selection (seleção estendida de mapas).

Clique nesse link e você será levado a uma página repleta de caixas, mas os principais títulos à esquerda são:

Birth Data (dados de nascimento)
Methods (métodos)
Options (opções)
Image size (tamanho da imagem)
Additional objects (objetos adicionais)

Acrescente todas as informações nas caixas caso ainda não o tenha feito e clique na seção marcada "House System" (sistema de casas), sob o título "Options".

Desça pela página até ver "equal" e clique nessa opção. Com isso, o mapa terá segmentos iguais, e é o sistema no qual este livro se baseia. Se não fizer isso porque está com pressa ou não quer se dar ao trabalho, então as informações do Capítulo 5 estarão erradas. O sistema padrão desse *website*, da maioria dos websites e programas de computador (exceto aqueles que eu uso!) é o Placidus. Isso dá às casas (sobre as quais vamos falar no Capítulo 5) tamanhos desiguais... e para mim, o mapa fica irregular.

Além disso, o sistema de Casas Iguais é o mais antigo, sendo usado pelos astrólogos antes de o senhor Placidus aparecer e fazer algumas mudanças.

Agora, clique no botão azul com a mensagem "Click here to show the chart" e pronto! Seu mapa vai aparecer em outra janela.

À primeira vista, vai parecer uma algaravia; mas não se preocupe, não precisamos de tanta informação.

No centro do seu mapa, você verá os números 1 a 12. São as casas, dispostas em sentido anti-horário.

Há ainda os símbolos que representam os signos; procure o que representa Câncer. Esses símbolos são chamados de glifos.

Áries ♈
Touro ♉
Gêmeos ♊
Câncer ♋
Leão ♌
Virgem ♍
Libra ♎
Escorpião ♏
Sagitário ♐

Capricórnio ♑
Aquário ♒
Peixes ♓

Os Elementos

Para compreender plenamente o seu canceriano, você precisa levar em conta o elemento em que estão seu Ascendente e sua Lua.

Cada signo do Zodíaco está associado a um elemento, sob o qual ele opera: Terra, Ar, Fogo e Água. Gosto de imaginar que cada signo atua em "velocidades" diferentes.

Os signos de **Terra** são **Touro**, **Virgem** e **Capricórnio**. O elemento Terra é estável, arraigado e ocupa-se de questões práticas. Um canceriano com muita Terra em seu mapa funciona melhor a uma velocidade bem baixa e constante. (No texto refiro-me a eles como "Terrosos".)

Os signos de **Ar** são **Gêmeos**, **Libra** e **Aquário** (que é o "Aguadeiro", mas *não é* um signo de água). O elemento Ar gosta de ideias, conceitos e pensamentos. Opera numa velocidade maior que a Terra; não é tão rápido quanto o Fogo, mas é mais veloz do que a Água e a Terra. Imagine-o como tendo uma velocidade média. (Refiro-me a eles como signos "Aéreos" ou "de Ar".)

Os signos de **Fogo** são **Áries**, **Leão** e **Sagitário**. O elemento Fogo gosta de ação e excitação e pode ser muito impaciente. Sua velocidade é *muito* alta. (Refiro-me a eles como "Fogosos", ou seja, do signo de Fogo.)

☾ Como cuidar de um Canceriano ☾

Os signos de **Água** são o nosso amigo **Câncer** e outros dois – **Escorpião** e **Peixes**. O elemento Água envolve sentimentos, impressões, pressentimentos e intuição. Opera mais rapidamente do que a Terra, mas não tão rápido quanto o Ar. Sua velocidade seria entre lenta e média. (Refiro-me a eles como signos "Aquosos" ou "de Água".)

Capítulo 3

♋ O ascendente ♋

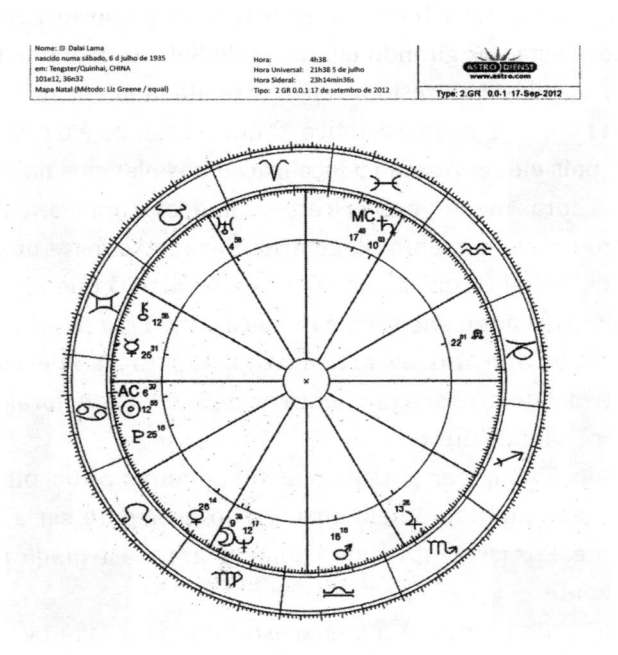

Já que agora você aprendeu montar um mapa, é preciso conhecer um pouco as principais partes do mapa. Vamos analisar o modelo acima, que é mapa astral do Dalai Lama.

O Ascendente é determinado pela hora do nascimento e muda a cada duas horas, mais ou menos. Se o seu canceriano nasceu às 6h, ele terá um signo Ascendente diferente do Ascendente de alguém que nasceu às 14h.

Isso acontece porque a Terra se move ao redor do Sol em sua órbita e nossa "visão" do horizonte muda. Nós não mudamos, mas o trecho do céu que conseguimos ver no horizonte oriental muda em poucos minutos e passa por um signo a cada duas horas, pois há doze signos do Zodíaco e 360 graus num círculo... e, obviamente, como a Terra é uma espécie de globo suspenso no espaço, e estamos girando em torno do Sol a cada momento, o trecho da galáxia que estamos percorrendo também muda.

Na natureza, nada é estático. O que é estático é o seu mapa astral, pois ele representa a localização dos planetas no céu no dia e na hora em que você nasceu, e, como tal, é um maravilhoso registro desse momento planetário. É como se fosse uma Impressão Digital Cósmica. Ele nunca vai mudar. O que muda é a posição atual dos planetas... mas essa é outra área da Astrologia chamada de trânsitos, e não tenho espaço para falar dela aqui.

O Ascendente é seu momento de nascimento, o horário em que você saiu do útero.

Se você imaginar uma pessoa em pé numa praia, olhando para o mar, aquilo que ela enxerga no horizonte seria o Ascendente. Por isso, esta é uma nomenclatura astrológica para o horizonte.

Isso pode parecer um pouco estranho para um novato em Astrologia. Você achava que conhecer o seu signo estelar ou astrológico, ou até zodiacal, já fosse suficiente. Que só precisava conhecê-lo. Não é bem assim. Agora, você está abrindo a porta para o maravilhoso mundo da Astrologia e tudo que estamos aprendendo aqui são coisas básicas, mas elas vão ajudá-lo caso você deseje explorar o tema mais a fundo e seguir os passos de pessoas como Carl Jung, ou de John Dee, astrólogo da rainha Elizabeth I, ou de William Lilly... a lista é bem longa.

No seu mapa astral, o Ascendente é onde seu mapa começa, e, como ele é determinado pela hora efetiva de seu nascimento, é bem auspicioso. Sabemos que o Sol passa aproximadamente um mês em cada signo; bem, o Ascendente muda de signo a cada duas horas, mais ou menos, motivo pelo qual é importante saber a hora de nascimento correta.

Os astrólogos veem o signo Ascendente como se fosse a forma como você "enxerga" o mundo, as lentes que você usa (são cor-de-rosa para Touro e vermelho escuro para Escorpião?). Como representa a hora real de seu nascimento, mostra a forma como você lida com as coisas durante uma crise, suas reações instintivas, a maneira como você veio ao mundo.

Uma pessoa com Ascendente Capricórnio é totalmente diferente de alguém com Ascendente em Leão, mesmo que ambos sejam cancerianos. Em nosso mapa de exemplo, você verá as iniciais AC na posição das nove horas no mapa. ASC é a abreviatura de Ascendente. A linha corta o signo que se parece com dois 6, que é o signo de Câncer, e por isso o Ascendente do Dalai Lama é Câncer. Sua visão do mundo é a mesma visão de seu signo solar, ou seja, atenciosa, protetora. Creio que isso descreve perfeitamente o Dalai Lama, pois ele não apenas é um guerreiro da paz, como seus textos espirituais tratam da atenção para com o próximo, e não apenas consigo mesmo. Ele também ficou incrivelmente perturbado quando teve de deixar seu local de nascimento no Tibete e ir para Dharamsala, no norte da Índia, para fugir à perseguição política. Ele ainda está tentando levar a paz para o Tibete, seu lar.

Meninas, quando vocês estão paquerando, aquela primeira "troca de olhares pela sala" vem do seu Ascendente (e do dele). É por isso que duas pessoas do mesmo signo parecem completamente diferentes logo que as conhecemos... é que aquilo que você vivencia é o Ascendente da outra pessoa.

Eis os diversos Ascendentes que o seu canceriano pode ter. Incluí algumas citações de pessoas que sei que nasceram com esses Ascendentes, todas elas de Câncer, e ao ler a citação você verá que cada uma expressa seu signo Ascendente muito bem.

Ascendente em Áries

Assuma que você deseja algo mais do que
o medo que tem disso.
– Bill Cosby

Como primeiro signo do Zodíaco, representado pelo Carneiro, o Ascendente em Áries leva a pessoa a se tornar um líder, fazendo e acontecendo na vida. Áries gosta de decisões e ações rápidas, perspicácia, e seus desejos são destemidos. Cancerianos com Ascendente em Áries veem a vida como um desafio a ser enfrentado e vencido.

Ascendente em Touro

Fale a verdade, trabalhe muito e não
se atrase para o jantar.
– Gerald R. Ford

O elemento Terra de Touro dá a seu canceriano uma postura mais lenta, mais centrada no corpo e em coisas físicas como comida e sustento. Eles veem a vida através de lentes focalizadas naquilo que pode ser ingerido ou sentido fisicamente. Pelo corpo, para o corpo e por meio do corpo.

Ascendente em Gêmeos

*Um computador mereceria ser chamado de inteligente
se pudesse enganar um ser humano, levando-o a crer
que também fosse humano.*
– Alan Turing

O curioso geminiano, eterna criança, faz perguntas sobre a vida que os outros talvez nem imaginassem fazer. Eles sempre estão perguntando "por quê?" e veem a vida como um lugar a ser explorado atrás de respostas. Adoram todas as formas de comunicação e gostam de manter contato com tudo e com todos.

Ascendente em Câncer

*Podemos viver sem religião e meditação,
mas não podemos sobreviver sem afeto humano.*
– Dalai Lama

Tendo o mesmo signo que o Sol, o canceriano com Ascendente em Câncer vai lidar com a vida desejando tomar parte de uma grande família da qual todos participam, acolhendo sentimentos e emoções. Se forem bem tratados, podem se elevar a surpreendentes altitudes espirituais e materiais. Amam todas as formas de vida, gostam do bom e do melhor.

Ascendente em Leão

Exponho o meu corpo, mas só porque acho que as pessoas
devem ter alguma coisa bonita para ver.
– Brigitte Nielsen

Como signo de Fogo que adora uma plateia que o venera, há menos timidez e mais capacidade para brilhar e se exibir. Ele quer ser incluído e respeitado, e considera que sua missão na vida é ser comunicativo e dramático. São pessoas calorosas, amigáveis e afetuosas, desde que não sejam ignoradas.

Ascendente em Virgem

Não existe regra para escrever. Às vezes, vem fácil e perfeitamente;
outras vezes, é como moer pedras e depois explodi-las com bombas.
– Ernest Hemingway

Como signo de Terra e governado por Mercúrio, este Ascendente ocupa-se de detalhes, análises e perfeição. Bom em comunicações, deseja encontrar a maneira perfeita de fazer as coisas. Gosta de ter saúde e prefere coisas ordenadas e organizadas.

Ascendente em Libra

Minha vida começou de verdade quando me
casei com meu marido.
– Nancy Reagan

Regido por Vênus, a deusa do amor, temos aqui o desejo de estar unido a alguém numa parceria ou num relacionamento íntimo. Conhecido por sua indecisão e pelo desejo de equilíbrio emocional, assim como seu símbolo, a balança, pode oscilar para cima ou para baixo. O equilíbrio é a melhor solução.

Ascendente em Escorpião

Os comediantes stand-up *são destemidos. No começo, quando o programa* Mork e Mindy *aparecia na TV, era um anti-Mork, onde eu podia fazer algo um pouco mais sombrio e amalucado.*
– Robin Williams

Este signo profundo e de emoções sombrias no Ascendente precisa de confiança para se sentir satisfeito. Regido por Plutão, planeta do poder e da transformação, não há como passar incólume por sua visão de raios X, capaz de enxergar o fundo de sua alma. Famoso pela força de seu foco intenso.

Ascendente em Sagitário

Sempre acreditei, e ainda acredito, que qualquer que seja a sorte com que topamos na vida, boa ou má, sempre podemos dar significado a ela e transformá-la em algo de valor.
– Hermann Hesse

Outro signo de Fogo, Sagitário é regido pelo benévolo Júpiter, o deus dos deuses, sempre bem-disposto. Eternamente otimista e almejando um lugar onde suas flechas alcançam as alturas, ele busca um sentido mais profundo em sua vida.

Ascendente em Capricórnio

Não é a montanha que conquistamos, mas nós mesmos.
– Edmund Hillary

Tendo como regente o severo Saturno, o canceriano com Ascendente em Capricórnio é pragmático, pé no chão e ambicioso. A família é o centro de seu mundo. Ele quer soluções práticas para os problemas, dinheiro no banco e o controle efetivo das dificuldades da vida. Num dia bom, seu senso de humor é aberto; num dia ruim, nuvens cinzentas obstruem sua visão e podem torná-lo um velho rabugento.

Ascendente em Aquário

*Temos de libertar metade da raça humana,
as mulheres, para que elas possam ajudar a
outra metade a se libertar.*
– Emmeline Pankhurst

Regido por Urano, o maluco, o planeta que quer "ser diferente", o Ascendente em Aquário é um signo de Ar que deseja passar pelos problemas da vida procurando respostas alternativas. Cerebral e baseado no pensamento, ele pode parecer menos conectado emocionalmente do que seu signo solar, Câncer. Se algo for diferente, ele vai querer fazê-lo; a liberdade para ele é uma necessidade!

Ascendente em Peixes

Ver a morte pacífica de um ser humano nos faz lembrar uma estrela cadente; uma dentre um milhão de luzes no vasto firmamento que brilha mais forte por um breve momento e depois desaparece para sempre na noite infinita.
– Elisabeth Kübler-Ross

Como um dos signos mais sensíveis, regido pelo mediúnico Netuno, Peixes quer brincar com as fadas e os anjos, deixando o mundo doloroso e cruel para trás. Tende a ser desorganizado, mas sente muita empatia. Enxerga a vida com bondade e através de lentes desfocadas.

Capítulo 4

♋ A lua ♋

*A Lua representa os instintos, o subconsciente,
a natureza dos desejos, os sentimentos e as reações.*
– Colin Evans

Na Astrologia, a Lua representa o que sentimos. Se o Sol representa nosso ego e nosso eu consciente, a Lua, assim como na vida real, reflete a luz do Sol, e na Astrologia mostra como refletimos ou nos sentimos com relação às coisas.

Em 1953, um psicólogo francês chamado Michel Gauquelin (Sol em Escorpião, Ascendente em Leão e Lua em Sagitário) fez um trabalho estatístico. Ele passou vários anos analisando os dados de nascimento de mais de 20 mil médicos, atores famosos, escritores, políticos e esportistas, e encontrou um significado impressionante no posicionamento de diversos planetas nos dias em que eles nasceram. Bem, quer você acredite ou não nas estatísticas que ele pesquisou e publicou, não há dúvidas de que ele encontrou alguns fenômenos interessantes, e eu (pessoalmente) acredito que seu trabalho deve ser respeitado e celebrado.

♋ A lua ♋

Ele estudou Saturno, Júpiter e Vênus, bem como a Lua, e é esta parte de seu trabalho que nós vamos explorar.

Michel acreditava que se a Lua estivesse se elevando (próxima do Ascendente) ou bem no alto no dia em que alguém nasceu, haveria a probabilidade de que essa pessoa fosse artística, criativa, amante da poesia, sonhadora, sensitiva, um pouco meiga e impressionável. Ele também encontrou muitos escritores com essas características.

Bem, isso não significa que todos que têm a Lua situada em seu Ascendente ou na casa 4, 7, 9 ou 10 vão se *tornar* escritores, mas as chances de que isso ocorra são muitas. Eu não sabia disso quando comecei a escrever minha série de livros, mas tenho a Lua na casa 10... sendo assim, pode haver alguma verdade nisso.

A Lua leva cerca de 28 dias para dar a volta na Terra (27 dias, 7 horas, 43 minutos e 11,6 segundos, para ser exata)... enquanto orbitamos o Sol. Nesses 28 dias, ela passa cerca de dois dias em cada um dos signos do Zodíaco. Como a Lua não conhece dias, semanas e horas, suas mudanças de signos não correspondem aos nossos dias da semana.

Se você consultar as Efemérides, os cálculos astronômicos da posição dos planetas nos signos a cada mês, verá como a Lua muda de signo. O site astro.com tem uma página contendo mais de 2 mil anos de dados, e assim você pode acompanhar a Lua e outros planetas para trás e para a frente com relação à sua data de nascimento, o que pode ser fascinante se você se interessa por Astrologia.

Vou lhe dar um pequeno exemplo. Enquanto escrevo este trecho, o Sol está entrando hoje no signo de Libra exatamente às 15h48. Daqui a pouco mais de uma semana, a Lua estará cheia e no signo *oposto* ao do Sol, Áries. No mês passado, quando o Sol estava em Virgem, a Lua ficou "cheia" no signo de Peixes. A Lua cheia ocorre quando a Lua fica totalmente visível, sem partes faltando em função da sombra da Terra.

Da próxima vez em que vir uma Lua cheia, você saberá que ela está *"no signo oposto"* ao signo do Sol.

Essas são coisas de que você vai precisar saber para ser feliz com o canceriano de sua vida. Você precisa conhecer as marés e o fluxo da visibilidade da Lua para nós aqui na Terra.

Nos exemplos a seguir, as pessoas com a Lua em Capricórnio nasceram quando a Lua estava cheia, e, como são cancerianas, esses sentimentos lunares serão amplificados para elas a cada Lua cheia.

Bem, tudo isso é ótimo num dia bom, quando você está com a cabeça no lugar. Mas o que acontece quando a Lua está num signo que não é muito compatível com o seu signo solar? Você vai pensar uma coisa e sentir outra, e será útil compreender as duas coisas para se sentir calmo, em paz.

Se o seu canceriano tiver a Lua em Sagitário, por exemplo, que é um signo de Fogo, ele pode querer viajar, voltar para a universidade, conversar até tarde da noite sobre a vida, o Universo e tudo, e em outros dias vai querer ficar em casa, encolhido no sofá... e você vai se perguntar "Como ele pode ser tão volúvel?". Ele não é. É que sua constituição astrológica compreende algo além do signo solar, e todas as partes do mapa precisam ser identificadas, compreendidas e aceitas.

Para descobrir o signo em que a Lua de seu canceriano está, volte para o mapa, encontre o símbolo da Lua, (☽) e veja em que signo ela está; depois leia as descrições relevantes a seguir.

As Essências Florais do Doutor Bach

Em 1933, o doutor Edward Bach, médico homeopata, publicou um pequeno livro chamado *The Twelve Healers and Other Remedies*.* Sua teoria era de que se o componente emocional que uma pessoa estivesse sentindo fosse removido, sua "doença" também iria desaparecer. Costumo concordar com esse tipo de pensamento, pois a maioria das doenças (exceto ser atropelado por um ônibus) é precedida por um evento desagradável ou por uma perturbação emocional que faz com que o corpo saia de sua sintonia. Remover o problema emocional e proporcionar alguma estabilidade à vida da pessoa, quando ela está passando por um momento difícil, pode melhorar tanto sua saúde geral que ela volta a se sentir bem.

Conhecer as Essências Florais de Bach pode ajudar a reduzir as preocupações e os desequilíbrios, dando a seu canceriano mais controle sobre a vida. Recomendo muito as essências em minha prática profissional quando sinto que alguma parte do mapa da pessoa está passando por um *estresse*... e geralmente é a Lua que necessita de ajuda. As essências descrevem os aspectos negativos do caráter, que são focados durante o tratamento. Essa conscientização ajuda a inverter tais tendências, e por isso, quando nosso eu emocional está bem e confortável, podemos enfrentar o dia com mais forças.

Para cada signo, citei as palavras exatas do doutor Bach.

Para usar as essências, pegue duas gotas do concentrado, ponha-as num copo com água e beba. Costumo recomendar que sejam postas numa pequena garrafa de água, para que

---

* *Os Remédios Florais do Dr. Bach – Incluindo Cura-Te a Ti Mesmo e Os Doze Remédios*, publicado pela Editora Pensamento, São Paulo, 1990.

sejam bebericadas ao longo do dia, pelo menos quatro vezes. No caso de crianças pequenas, faça o mesmo.

Lembre-se de procurar um médico caso os sintomas não desapareçam.

Lua em Áries

Minha infância foi divertida, segura, alucinante e travessa.
– Aimée Ann Duffy

Como signo de Fogo, e primeiro signo do Zodíaco, Áries se preocupa com o "eu". Ele precisa sentir que o mundo gira em torno de seus sentimentos, e por isso não é muito bom em repartir ou em chegar a um meio-termo. Porém tem o benefício de ser completamente sincero; se você perguntar a alguém com Lua em Áries como ele está se sentindo e ele contar, estará sendo absolutamente honesto.

Essência Floral de Bach *Impatiens*:

Para os que são rápidos de raciocínio e na ação e que desejam que tudo seja feito sem hesitação ou demora.

Lua em Touro

A gratificação instantânea não acontece tão rapidamente.
– Meryl Streep

Baseado na realidade da Terra e em todos os seus prazeres, o canceriano com Lua em Touro vai querer comida saborosa, finanças estáveis e sexo puro. O sabor é importante, bem como as sensações sinestésicas do tato, e por isso roupas macias, de veludo, seda ou cetim, bem como coisas que são agradáveis ao contato, são incrivelmente importantes. Nunca dirá "não" para bons vinhos e chocolate, e, como signo mais lento, desenvolve-se gradualmente. Não o apresse!

Essência Floral de Bach *Gentian*:

Para os que perdem a coragem facilmente. Podem progredir bem no que se refere às doenças ou questões da vida diária, mas qualquer imprevisto ou obstáculo a seu progresso gera dúvidas e eles logo se deprimem.

Lua em Gêmeos

Uma das vantagens de ter um diário é que você fica consciente, com reconfortante clareza, das mudanças que sofre constantemente.
– Franz Kafka

Ah, a eterna criança! Gêmeos nunca quer crescer! Este é o signo lunar das duas opções e opiniões, pois representa os gêmeos astrológicos. Gosta de discussões, argumentações, conversas e de coisas cerebrais e rápidas (pois é um signo de Ar). Adora as viagens curtas.

Essência Floral de Bach *Cerato*:

Para os que não têm confiança suficiente em si mesmos para tomar suas próprias decisões.

Lua em Câncer

*Foi o anel de noivado de minha mãe, e por isso achei que ficaria bem,
pois obviamente ela não estará aqui para compartilhar
a alegria e a excitação de tudo isto –
foi meu modo de mantê-la perto de tudo.*
– Príncipe William

A pessoa com Lua em Câncer fica realmente feliz quando consegue sentir suas emoções com segurança, aconchego, conforto e atenção. Como Câncer é "regido" pela Lua, esta se sente em casa. Pode ser resmungão e sujeito a flutuações de humor, mas, do mesmo modo, ama profundamente. Adora também a mãe, o lar e as delícias do lar, e todas as coisas antigas e tradicionais.
Essência Floral de Bach *Clematis*:

Alimentam esperanças de tempos melhores, quando seus ideais poderão ser realizados.

Lua em Leão

*Adoro o que faço. Orgulho-me do que faço.
E não consigo fazer nada pela metade, a três quartos
ou nove décimos. Se eu vou fazer alguma coisa, vou fundo.*
– Tom Cruise

Quando a Lua está em Leão, as coisas esquentam. É uma Lua animada, otimista, mas ignore-a e correrá riscos! Essa Lua adora se cobrir com o brilho do amor de seu grupo de seguidores, desfruta o tratamento com tapete vermelho, estremece se você se esquece do nome dela e adora quando você a trata efusivamente por sua generosidade, que é grandiosa.

♋ A lua ♋

Essência Floral de Bach *Vervain*:

Para aqueles que têm ideias e princípios rígidos que consideram certos.

Lua em Virgem

Não posso me preocupar com a indignação moral.
– Willem Dafoe

Temos aqui o signo que poderia ganhar o diploma da preocupação. Ele se preocupa com isto, depois se preocupa com aquilo, depois se preocupa com a preocupação e assim por diante. Num dia tranquilo, seu poder de análise e de classificação é uma maravilha, e ele tem uma memória gigantesca para informações irrelevantes. Põe com satisfação os pingos nos "is" e corta os "ts", lembrando-o de que você disse isso ou aquilo em determinada data. Livrarias e bibliotecas são seus lugares favoritos.

Essência Floral de Bach *Centaury*:

Sua natureza boa o conduz a fazer mais do que a sua parte do trabalho, e, ao fazer isso, negligencia sua própria missão nesta vida.

Lua em Libra

Sempre fui uma monógama serial.
– Kristen Bell

Este é o signo clássico da indecisão, representado pela balança, que simboliza o signo de Libra. Devo fazer isto ou aquilo?

Ou aquela outra coisa? Suas preocupações se concentram nos relacionamentos pessoais e ele se sente melhor com um anel no dedo e alguém para amar. Justiça e equilíbrio também são importantes.

Essência Floral de Bach *Scleranthus*:

> *Para aqueles que sofrem muito por serem incapazes de decidir entre duas coisas, inclinando-se ora para uma, ora para outra.*

Lua em Escorpião

> *Aprendi que a coragem não é a ausência do medo, mas o triunfo sobre ele. Corajoso não é aquele que não sente medo, mas sim quem domina esse medo.*
> – Nelson Mandela

Se você imaginar um vermelho profundo, profundo, terá uma ideia do que significa ter uma Lua em Escorpião. Sentimentos profundos, pensamentos profundos e até ressentimentos profundos se a pessoa se sentir frustrada em seus desejos. Não há meio-termo. É tudo ou nada. Se você estiver do seu lado, ele vai acompanhá-lo nos bons e nos maus momentos. E não se deterá diante de nada se você não estiver. Não é uma combinação que se deva provocar.

Essência Floral de Bach *Chicory*:

> *Estão continuamente afirmando o que consideram errado e o fazem com prazer.*

Lua em Sagitário

*Passei um bom tempo em Nova York na década de 1980
com a turma das artes do centro da cidade.*
– Marc Almond

Como signo de Fogo e uma das Luas mais ágeis e rápidas, a Lua em Sagitário quer a resposta para todas as perguntas da vida, ou, no mínimo, quer fazê-las e investigá-las. Qualquer tipo de aprendizado ou de ensino mantém esse nativo ocupado, pois ele vai entrar em contato com outros países e outras civilizações. Do lado negativo, adora "ter razão", por isso tome cuidado para não pôr em xeque suas crenças.

Essência Floral de Bach *Agrimony*:

Escondem suas preocupações por trás de seu bom humor e de suas brincadeiras e tentam suportar seu fardo com alegria.

Esta Essência aparece com o subtítulo "Sensibilidade excessiva a influências e opiniões".

Lua em Capricórnio

*O mundo quebra todo mundo, e depois,
alguns ficam fortes nas partes quebradas.*
– Ernest Hemingway

O severo Saturno, o planeta dos "golpes duros", rege Capricórnio. Ele aprende desde cedo que a vida não é sempre tranquila e divertida. Ele prefere assuntos sérios, ideias sensatas e uma vida construída sobre bases firmes. Suporta melhor os problemas do que qualquer outro signo e é estoico no modo de enfrentar os desafios da vida.

Essência Floral de Bach *Mimulus*:

Para medo de coisas terrenas: doenças, dor, acidentes, pobreza, escuridão, solidão, infortúnio. São os medos da vida diária. As pessoas que necessitam deste medicamento são aquelas que, silenciosa e secretamente, carregam consigo medos sobre os quais não falam a ninguém.

Lua em Aquário

Infelizmente para algumas pessoas, sou um espírito livre.
– Princesa Diana

A amizade com "A" maiúsculo rege Aquário. Para um canceriano, isso reduz levemente sua profundidade emocional e permite o nascimento de ideias e amizades estranhas e maravilhosas. Cheio de ideias e de pensamentos alucinantes, ele vai atraí-lo para sua visão de mundo, que é inclusiva e utópica. Se ele é feliz ou não como ser humano, isso é discutível. Lembro-me de Spock, de *Jornada nas Estrelas*, mas certamente ele será alguém divertido.

Essência Floral de Bach *Water Violet*:

Para aqueles que gostam de ficar sozinhos, de ser independentes, que são capazes e autoconfiantes. São indiferentes e seguem seu próprio caminho.

Lua em Peixes

As melhores e mais lindas coisas do mundo não podem ser vistas, sequer tocadas – devem ser sentidas com o coração.
– Helen Keller

Como último signo do Zodíaco e sumamente sensível a fadas, anjos e todas as coisas espirituais e do outro mundo, um canceriano com a Lua em Peixes terá uma estrada ligeiramente mais longa a percorrer até o contentamento. Como signo do mártir, ele pode, num dia ruim, imaginar todo o sofrimento do mundo, o que fará com que se sinta fraco e triste. Num dia bom, ele vai intuir que você está tentando entrar em contato com ele, imaginar (corretamente) como você está se sentindo e "estará presente" com você nesta vida e na próxima. O que você precisa fazer é trazê-lo de volta para a Terra de vez em quando...

Essência Floral de Bach *Rock Rose*:

Para casos em que parece não haver qualquer esperança ou quando a pessoa está muito assustada ou aterrorizada.

Capítulo 5

♋ As casas ♋

É mais difícil explicar o que é uma casa se você nunca tiver montado um mapa astral. Só depois de fazer mais do que um mapa é que você percebe que os seus componentes aparecem em lugares diferentes. Esses lugares diferentes são chamados de casas. Antes, as casas eram chamadas de mansões, pois elas são a morada dos planetas.

Em nosso mapa de exemplo, o Dalai Lama tem o Sol localizado na primeira casa. É que ele nasceu quando o Sol ia se erguer, e assim, em nosso pequeno mapa do céu, seu Sol está perto do ponto no qual o mapa começa. E, como discutimos no Capítulo 3, o mapa começa no ponto do Ascendente.

Quando vamos montar um mapa, nós o fazemos no sentido anti-horário, de modo que as casas vão de um a doze ao redor do círculo. O horário em que seu canceriano nasceu determina a casa em que seu Sol irá ficar.

Você pode conferir se um mapa está correto imaginando que a linha horizontal que vai da esquerda para a direita, dissecando o mapa, é o horizonte. Assim, se o seu canceriano nasceu durante o dia, seu Sol *deverá* se situar acima do horizonte, na parte superior do mapa.

☾ As casas ☾

Não se preocupe muito com isso caso não faça sentido, pois tudo que você precisa saber de fato é que seu Sol pode cair em qualquer uma das doze casas. Se você montou o mapa usando o horário correto, o Sol "estará" na casa correta. E como são doze casas, ele pode estar em qualquer uma delas.

Procure o símbolo ☉ no mapa que você montou e veja em que seção numerada ele apareceu, depois leia a descrição abaixo. Obviamente, você só vai precisar ler a descrição que se relaciona com o mapa que você fez; mas, quando você começar a fazer mapas para outras pessoas, vai perceber que o Sol pode estar em outra casa.

Então o que *significa* ter o Sol em lugares diferentes? Bem, nós pensamos que cada casa se parece um pouco com um signo do Zodíaco. Logo, a primeira casa se parece um pouco com Áries, e assim por diante. Ter o Sol na primeira casa é totalmente diferente de tê-lo na sétima casa, pois a primeira ocupa-se com o "eu" e a sétima se refere apenas aos "outros".

A colocação do Sol modifica sua expressão. Ela não muda "quem" a pessoa é; ela ainda é motivada por todas as qualidades cancerianas de que falamos, mas ela as expressa de forma diferente.

É nisso que a montagem do mapa astral torna a Astrologia totalmente individualizada para você. Como são doze casas, e estamos usando apenas a localização do Sol (em um mapa completo, você estaria levando em conta pelo menos outros oito planetas e a Lua e compreendendo o sentido de tudo isso), tentei simplificar a coisa o máximo possível.

No meu mapa, o Sol está no signo de Peixes na casa 7, mas minha mãe (sobre quem escrevi em *Como se Relacionar com um Aquariano*) tem o Sol no signo de Aquário na casa 9.

Nós duas temos a Lua em Gêmeos, por isso adoramos tagarelar, mas o lugar para onde "vamos" na vida é diferente.

O lugar onde seu Sol está é onde você se sente "em casa". Onde você gosta de manter mais o seu foco na vida. Se o seu Sol está na casa 3, você deve gostar de escrever, de conversar, de ensinar ou qualquer coisa associada com a casa 3, mas se o seu marido ou parceiro tem o Sol na casa 8, ele vai gostar de guardar certos segredos sobre ele e vai querer se envolver profundamente com as coisas.

Há mais de um Sistema de Casas. Eu uso o sistema de Casas Iguais, mas a maioria das pessoas usa o Placidus; assim, a menos que você monte o mapa usando o sistema de Casas Iguais, minhas interpretações não serão as mesmas. Devo frisar que não existe acordo entre os astrólogos sobre o sistema "correto". Você terá de descobrir aquele de que gosta mais.

A Primeira Casa, Casa da Personalidade

Não importa o comportamento que você deseja mudar;
você precisa começar desenvolvendo uma forte
disposição ou a vontade de fazê-lo.
– Dalai Lama

O Sol em Câncer na primeira casa proporciona confiança pessoal, pois se relaciona com o "eu", dando uma sensação de "sou o centro do mundo". São abertos, destemidos, capazes de enfrentar oposição e geralmente autoconfiantes. Seu lema deveria ser "me aceite da forma como me vê". Têm opiniões fortes, são menos temerários, tendem a ser diretos e objetivos.

A Segunda Casa, Casa Do Dinheiro, de Bens Materiais e da Autoestima

Confesso que faço muitas coisas erradas; eu fumo, bebo vinho e as pessoas ficariam horrorizadas com meus hábitos alimentares – como quando estou com fome e, se não estou, não como.
– Diana Rigg

Esta é a casa que representa as coisas que temos. O mundo prático. A energia será gasta no acúmulo de posses ou na segurança financeira. A diversão será encontrada em segurar, tocar, vivenciar de fato as coisas... Experiências táteis como massagens são uma preciosidade. Todos os sentidos precisam ser satisfeitos, e a comida não é uma necessidade, mas uma alegria.

A Terceira Casa, Casa da Comunicação e de Viagens Curtas

O sábio não precisa de uma palavra – os estúpidos é que precisam de conselhos.
– Bill Cosby

Como o terceiro signo, Gêmeos, a terceira casa quer entrar em contato com os outros, comunicando-se. Precisam de celular, acesso a cartas, telefones, conversas e todas as formas de comunicação. Poder tagarelar ou escrever satisfaz essa casa. Como ela também governa viagens curtas, ter algum meio de transporte é bom.

A Quarta Casa, Casa do Lar, da Família e das Raízes

É tão óbvio que os animais têm sentimentos e passam pelas mesmas emoções que nós. Quando você tem um cão, há outro coração batendo na casa. Se você sai e volta para casa, a sensação é muito diferente quando há um cão esperando por você.
– Jenny Seagrove

É aqui que a casa se torna importante. A "família", em todas as suas diversas combinações, será uma grande prioridade. Cozinhar, aconchegar-se com os outros familiares, os bichos de estimação, estar perto de pessoas queridas e do mundo doméstico é muito importante. Crianças com essa posição gostam de estudar em casa; associe a palavra "casa" a qualquer coisa e você terá sucesso.

A Quinta Casa, Casa da Criatividade e do Romance

*As pessoas são como janelas de vidro jateado.
Brilham e reluzem quando o sol está no céu,
mas quando chegam as sombras, sua verdadeira beleza
só se revela se houver uma luz lá dentro.*
– Elisabeth Kübler-Ross

A quinta casa lida com a capacidade de brilhar. Ser o centro das atenções também é importante. Tapetes vermelhos, montes de elogios e reconhecimento mantêm essa combinação feliz. Criatividade, drama, ter muitos filhos ou ter crianças por perto, criar, representar ou ser artístico são manifestações do Sol nessa casa.

A Sexta Casa, Casa do Trabalho e da Saúde

Odiei me ver na tela. Eu estava cheia de complexos.
Detestei meu rosto por um bom tempo.
– Charlotte Gainsbourg

A sexta casa tem seu foco em tudo que está relacionado com a saúde. Ela também diz respeito ao nosso trabalho. Aqui, o Sol em Câncer vai querer se sentir bem, saudável e organizado. Não raro, trabalham na área da saúde e da cura, ou, no mínimo, preocupam-se com questões relacionadas a sua própria saúde e à dos outros. Bons com detalhes e tarefas complexas.

A Sétima Casa, Casa dos Relacionamentos e do Casamento

Se você encontrou em sua vida alguém
que ama, agarre-se a esse amor.
– Princesa Diana

Aqui, o Sol em Câncer vai querer compartilhar a vida com alguém especial. Ficar sozinho não vai funcionar. Até seu relacionamento íntimo e pessoal ficar organizado, a vida parecerá sombria. Quando ele está com alguém, a vida ganha novo sentido. Quando encontra o amor verdadeiro, a vida parece completa, e ele consegue espalhar amor e calor à sua volta.

A Oitava Casa, Casa da Força Vital no Nascimento, no Sexo, na Morte e na Vida após a Morte

Diga a verdade. Cante com paixão.
Trabalhe feliz. Ame com o coração.
Pois isso é o que interessa, no final das contas.
– Kris Kristofferson

A intensidade da casa oito com o Sol em Câncer produz uma pessoa de caráter forte e que não se desvia de sua missão de vida. O tédio não está no cardápio! A capacidade de se concentrar exclusivamente numa coisa de cada vez pode trazer grandes resultados, e, se você acrescentar a palavra "paixão" de vez em quando, vão adorar essa pessoa.

A Nona Casa, Casa da Filosofia e de Viagens Longas

Ser um astro do rock é como ser líder de um culto,
você precisa estar mesmo na sua própria religião.
– Courtney Love

Se o Sol em Câncer na casa nove puder filosofar sobre o verdadeiro sentido da vida, ele estará bem. Países distantes, longas viagens e o interesse por outras culturas serão expressados aqui. Mantenha o passaporte atualizado, esta é a posição do Sol que adora viajar. A espiritualidade nunca estará muito distante em todas as suas facetas, e ele adora saber que o mundo está aí para ser explorado.

A Décima Casa, Casa da Identidade Social e da Carreira

Interesso-me muito pela astrologia empresarial, mundana e financeira. Mas interesso-me mais por pessoas. Se a astrologia empresarial significa lidar com pessoas nas empresas, mas de uma forma que não vou encontrá-las, então ela não me interessa.

– Adrian Duncan

Espera-se que esta pessoa mantenha o foco em sua carreira e no modo como ela acha que as pessoas a veem. Poder ser reconhecida na profissão escolhida, por mais que demore, é o que irá orientá-la até o sucesso. Podem trabalhar até tarde e durante muitos anos para atingir o mais alto nível possível.

A Décima Primeira Casa, Casa da Vida Social e da Amizade

Fazer uma conexão inesperada com um estranho costuma ser mais fácil do que com uma pessoa conhecida. Ela evoca o anseio por contato que todos nós temos.

– Colin Hay

Com o Sol em Câncer na casa 11, as pessoas vão querer, e não *precisar*, de amigos, grupos, organizações, filiações, sociedades de que podem ser membros – e o serão. Elas não se veem isoladas do mundo, mas como parte dele. As amizades estão no alto da lista, bem como o trabalho voluntário e a união do planeta.

A Décima Segunda Casa, Casa da Espiritualidade

Eu era observador. Gostava de ouvir em vez de me expressar abertamente. Essa característica é algo que mantive ao longo dos anos.
— Giorgio Armani

Percebi que muitos de meus clientes com o Sol na 12ª casa não gostam de viver no "mundo real". Ele parece doloroso demais, insensível. A 12ª casa, como o signo de Peixes, quer se juntar às fadas e aos anjos e fugir para a Terra do Nunca. Essas pessoas se sentem melhor quando têm um lugar para uma fuga emocional, seja a praia, o alto de uma colina ou um belo banho de banheira de vez em quando.

Capítulo 6

♋ Os problemas ♋

Como mencionei algumas vezes antes, os clientes não me procuram depois de ganharem na loteria. A maioria das pessoas marca uma consulta porque "aconteceu uma coisa". Essas pessoas precisam de apoio e de muito carinho e ternura para poderem encontrar a solução do problema. Às vezes, as pessoas me procuram para uma consulta porque estão curiosas, mas a maioria de meus clientes acaba de ver o mundo ruir e quer saber por que isso aconteceu.

A Astrologia é muito boa para explicar esse "porquê", e também nos dá uma resposta que explica "por quanto tempo". Se o seu marido a abandonou, seus pensamentos imediatos vão se centrar em "Quanto tempo vou ficar sozinha?" e preocupações similares.

Se meu cliente é um canceriano (ou dos outros signos de Água – Escorpião e Peixes), é muito importante eu descobrir como ele está se sentindo.

No caso dos signos de Água, a maior parte da consulta vai girar em torno de seus *sentimentos*. Só falando do que estão sentindo, de como as coisas acontecem e por que eles se *sentem* daquele modo é que eles podem lidar melhor com o que quer que esteja acontecendo.

Dos signos de Ar – Gêmeos, Libra e Aquário –, vou precisar saber o que estão pensando, e dos signos de Fogo – Áries, Leão e Sagitário –, quais as *atitudes* que eles pretendem tomar. O que eles vão "fazer". E dos signos de Terra – Touro, Virgem e Capricórnio –, terei de descobrir quais planos práticos eles pretendem executar, quais as primeiras medidas a tomar para serem felizes.

Mostrarei a seguir algumas coisas que acontecem de fato nos meus atendimentos e as soluções que sugiro.

A mãe de meu canceriano* não o entende
Quando escuto essa frase, o alarme dispara. Para um canceriano, a mãe é tudo, e se o relacionamento com ela não for bom, então a vida se tornará um conflito.

Ouço isso com certa frequência, e é algo muito triste.

O que sugiro é fácil e viável. Se a mãe de seu canceriano não o compreende ou tornou a vida dele insuportável, mostrando-se fria, sem sentimentos ou coisa pior, não se desespere.

Primeiro, faça com que ele escreva uma carta para a mãe. Não é uma carta para ser posta no correio. A carta deve ser escrita com o máximo de sentimento possível (o que não é difícil para um canceriano). Ele deve incluir nela todas as coisas que a mãe não fez, não disse, deve dizer como ela o fez se sentir mal, como ela não enxugou suas lágrimas quando ele chorou, como ela não lhe deu segurança, ou um abraço, ou carinho, e como ele

---

* A autora se refere tanto a homens quanto a mulheres de Câncer. Para evitar a construção o(a) e semelhantes, mantive o texto no masculino. (N. do T.)

se sentiu por causa disso. Como ela pode tê-lo ignorado quando ele disse que se sentiu magoado (outro alarme de Câncer), como ela o criticou ou incomodou, ou fez comentários desagradáveis. Faça-o escrever quanto quiser e achar que é válido; depois ele deve dobrar a carta em quatro e queimá-la com segurança... e observar as chamas envolverem as palavras e a dor.

Sugiro muito isso para meus clientes, e o efeito desejado sempre é alcançado, ou seja, depois eles se sentem mais leves e menos carregados, como se anos de dor e raiva tivessem se esvaído. Geralmente, as pessoas que "dizem" que isso não teve efeito são aquelas que não fizeram de fato o exercício, só pensaram nele. O mero pensamento não vai curar isso. Ações concretas e um texto de verdade, escrito com uma caneta de verdade, sobre papel de verdade, são a única solução. Tampouco faça isso no computador. Faça de verdade. O computador não proporciona a mesma experiência tátil que a escrita manual, e não toca na parte da memória onde a dor pode estar guardada.

Sinto-me sufocada pela atenção e pelo amor de meu canceriano

Ora, ora! Você deve ser de um signo de Ar (Aquário/Gêmeos/Libra). Como Câncer é um signo bastante sintonizado em termos emocionais, ele pode exagerar nas emoções, algo que um signo de Ar pode ter dificuldade em lidar caso não tenha planetas de Água no mapa ou planetas nas casas de Água (casas 4, 8 e 12).

Você pode lidar com isso de algumas maneiras. Uma delas é não levar para o lado pessoal os sentimentos de seu canceriano. Ele está tendo essas emoções, não você. Se estiver se sufocando com elas, há algumas técnicas que podem ajudar. Você pode levar um cristal de quartzo rosa no bolso e, quando tiver a sensação de que seu canceriano está despejando ondas emocionais sobre você, deter a inundação imaginando que o cristal está absorvendo essas emoções e transmutando-as em amor e paz.

Naturalmente, você pode afirmar para si mesmo que não vai se sentir assim por muito tempo, e, como uma onda, essas sensações serão levadas para longe em breve.

Ou você pode ter uma conversinha com seu canceriano e lhe dizer que se sente sufocada com suas emoções, buscando uma solução prática para ajudar a resolver o problema. Não piore o estado de seu canceriano culpando-o por estar se sentindo assim. Ele não tem a mesma postura racional diante das coisas e precisa que aceitem e reconheçam suas mágoas... e se você lhe der um bom abraço, em pouco tempo ele vai recuperar o equilíbrio e voltar à vida "normal".

Parece que meu canceriano não quer sair de casa
O título provisório deste livro era "Como Ajudar um Canceriano a Sair de Casa", mas achei melhor usá-lo para tratar de uma dificuldade dentro do livro, pois estar em casa e sair de casa são coisas que os cancerianos enfrentam sempre.

Vou explicar.

Como sabemos, Câncer é regido pela Lua, e na Astrologia ocidental a Lua é uma influência estimulante e acolhedora. É ela que faz com que nos sintamos confortáveis, aquecidos e amados. E o lugar onde sentimos essas emoções, na maior parte do tempo, é "em casa", com mamãe, papai e nossos irmãos. Mas, como você sabe, não existe um lar tradicional, pois, na verdade, o lar é onde seu coração está – e pode ser qualquer lugar.

Quando um canceriano está crescendo, ele desfruta o fato de estar "nos braços das pessoas amadas", ou, do mesmo modo, "abraçando as pessoas amadas". É uma rua de duas mãos. Geralmente, e devo dizer isto com cautela, porque sempre há aqueles a quem isso não se aplica, os cancerianos adoram suas mães. Eles fazem isso automaticamente, pois a mãe representa todas essas coisas de que gostam: ser acolhido, comida saborosa, sensação de união e de segurança. Mesmo que o relacionamento com a mãe seja difícil, eles ainda anseiam pelo verdadeiro amor materno.

Não dá para contar quantos clientes me disseram que um de seus filhos não queria sair de casa. E se faço algumas perguntas, descubro que o signo desse filho é Câncer. Esses pais geralmente são de signos de Ar ou de Fogo, que são os signos mais independentes... e lá estão os filhos, todos crescidos, com emprego, carro e às vezes até alguém do lado, e eles ainda vão para casa jantar e ainda dormem no mesmo quarto de sua infância. Eles se mostram úteis ajudando na casa, fazendo compras, pagando contas, e por isso qualquer mãe em seu juízo perfeito não quer mesmo que eles saiam do ninho.

Tive uma cliente canceriana que se casou, divorciou e casou-se com o irmão do ex-marido para poder continuar a morar na casa da família. O ex-marido continuou a morar na mesma casa. Tivemos de cortar alguns vínculos.

Se você quiser que seu canceriano saia de casa, vai ter de planejar desde cedo. Com antecedência. Você pode até cortar as facilidades para ajudá-lo a sair, usando o quarto dele para outros propósitos, por exemplo; mas ele vai querer dormir no sofá ou até no chão. Torne a saída o mais suave e planejada possível. Estimule-o a passar a noite com amigos. Explique que você precisa de sua liberdade. Ensine-o a administrar suas finanças e a pagar as contas, bem como todas as coisas práticas que o ato de sair de casa implica, ou do contrário ele vai voltar em dois meses porque não pagou o aluguel.

Descubra em que signo está a Lua dele e procure satisfazer a parte de sua psique que facilitaria a saída. Se ainda tiver problemas, monte todo o mapa dele e estude a casa 4 e os planetas que estão nela (ou não), pois isso vai lhe dar uma ideia do tipo de casa na qual ele se sente mais confortável, ajudando-o a recriar esse clima em sua própria casa. Depois que o canceriano se muda e cria sua "própria casa", ele fica bem. É a transição que pode ser problemática.

Capítulo 7

☾ As soluções ☽

Acho que agora precisamos obter uma definição do que realmente significa cuidar, pois antes de cuidar dos cancerianos que você conhece, terá de compreender exatamente o que é e o que não é cuidar.

Adoro a língua inglesa; ela é repleta de diferenças estranhas e maravilhosas. Algumas coisas parecem perfeitamente objetivas, outras não fazem sentido, mas creio que é importante conferir o que quero dizer quando digo que precisamos "cuidar dos cancerianos".

Meu dicionário define cuidado como:

1. substantivo: preocupação, ansiedade; ocasião para isso; atenção séria, cautela (monte com cuidado, manuseie com cuidado); proteção, conta = *tomar conta de criança*; coisa a ser feita ou vigiada.
2. cuidar, verbo: sentir preocupação ou interesse por; gostar de ou querer fazer (no sentido de *ligar para*); providenciar.
   Cuidar de: observar, lidar com.

Se o seu canceriano está aborrecido com alguma coisa, dizer "está tudo bem, querido" não vai resolver o problema. Você precisa avaliar claramente seus sentimentos, entender seu contexto, aceitá-los, acolhê-los, dar-lhes espaço para existir, mas não à custa de sua sanidade.

Se o seu canceriano é tão emotivo a ponto de fazer coisas irracionais, como gastar um monte de dinheiro que ele não tem, ou parar de comer, ou falar de se ferir, ele precisa de ajuda profissional. Não se esqueça de que a maioria das abordagens da medicina ocidental emprega remédios. Eu sugeriria tentar antes uma orientação psicológica ou certas técnicas alternativas, desde que o praticante seja licenciado, experiente e cuidadoso para realizar esse tipo de trabalho... ou, pelo menos, use-o em conjunto com o modelo médico.

O Dalai Lama diz em seu livro *The Art of Happiness: A Handbook for Living* que o que pode nos ajudar a ser feliz é ser gentil:

> *"Nossa estrutura física parece ser mais adequada a sentimentos de amor e compaixão. Podemos ver como um estado mental tranquilo, afetuoso e saudável produz efeitos benéficos para nossa saúde e nosso bem-estar físico. Por outro lado, sentimentos de frustração, medo, agitação e raiva podem ser destrutivos para nossa saúde. Podemos ver ainda que nossa saúde emocional é reforçada por sentimentos de afeto. Para entender isso, precisamos refletir sobre como nos sentimos quando os outros nos demonstram carinho e afeto. Ou observar como nossos próprios sentimentos ou nossas atitudes amorosas nos afetam de dentro para fora de maneira natural e automática, como fazem com que nos sintamos bem. Essas emoções mais suaves e os comportamentos positivos que as acompanham*

conduzem a uma vida familiar e comunitária mais feliz. Assim, creio que podemos inferir que a natureza humana fundamental é de gentileza. E se é assim, faz ainda mais sentido tentar viver mais em harmonia com essa terna natureza básica do nosso ser".

Concordo com esse tipo de pensamento.

Ele acrescenta:

"Creio que a natureza básica ou subjacente dos seres humanos é a gentileza."

Como isso é verdade!

E se o seu canceriano é uma bagunça emocional, então *ser gentil* deve ser seu primeiro pensamento e sua primeira ação. É claro que se a raça humana conseguisse controlar as emoções haveria menos guerras, frustrações e tristezas. É por isso que a astrologia é terrivelmente útil, e as essências florais que mencionei no Capítulo 4 podem ajudar. Quando cuidamos das emoções, sentimo-nos cuidados e recuperamos o bem-estar.

Se o seu signo for de Ar, o aquariano Eckhart Tolle fala muito sobre isso em seu livro *The Power of Now*, chamando as emoções de "corpo doloroso" e comparando-as a entidades distintas que invadem nosso subconsciente e nos causam dor. Recomendo muito esse livro, bem como o do Dalai Lama, se você estiver lidando com a felicidade.

Nem preciso dizer que tentar usar estimulantes ou bebidas alcoólicas só vai piorar as coisas. Como o beatle canceriano Ringo Starr disse com propriedade:

"Drogas e álcool só fazem isto: podam suas emoções no fim".

A maneira como você pode ajudar seu canceriano com problemas emocionais vai precisar de alguns ajustes, dependendo do tipo de canceriano que ele for. Dividi as sugestões em signos do Ascendente e da Lua; procure aquele que se ajusta ao signo de seu canceriano e use as sugestões que podem ajudar tanto a você quanto a ele a lidar com eles. Lembre-se ainda das essências florais adequadas, pois elas são ótimas em situações emocionais. E posso fazer um pequeno lembrete? Homens também têm emoções, por isso as sugestões deste livro se aplicam tanto a homens quanto a mulheres.

Ascendente ou Lua em Áries

Faça alguma coisa física com seu canceriano. Tire-o de casa, leve-o a algum lugar onde ele possa bater bola, correr ou tirar as emoções do sistema sem lhe dar pancadas na cabeça. Uma rodada de golfe, uma partida de tênis, algumas horas nadando, um jogo de *squash*, futebol, basquete... alguma coisa competitiva, mas nada que ponha você na linha de fogo, portanto não o leve para praticar tiro ao alvo... Áries trata de corpo e energia, por isso as atividades enérgicas são mais indicadas. Ele vai poder deixar as emoções no gramado, na quadra ou na piscina, e você poderá "estar lá" com ele quando isso acontecer.

Ascendente ou Lua em Touro

Coloque a chaleira no fogo e pegue uns bolos com baixas calorias, pãezinhos ou uma salada. Ou, melhor ainda, leve seu Touro/Câncer para um belo almoço ou jantar. Um lugar bonito, com um ambiente agradável, onde a decoração acompanha as toalhas ou os funcionários usa uniformes limpos e decentes. Nem pense em ligar para algum *delivery* ou ir ao McDonald's; isso não vai resolver nada enquanto ele estiver nesse estado de espírito. Faça tudo lentamente, não se apresse, e deixe-o falar – ou não.

Ascendente ou Lua em Gêmeos

Você vai precisar de alguma forma de transporte para fazer com que a combinação Gêmeos/Câncer se sinta melhor. É fato que ele se sente melhor fazendo alguma viagem curta, mudando de cenário; por isso, ponha-o no carro e deixe-o falar, falar, falar, até ele não ter nada mais a dizer sobre o problema. Quando ele começar a falar sobre os transeuntes ou a paisagem, você saberá que ele está se sentindo um pouco melhor.

Ascendente ou Lua em Câncer

Convide seu duplo canceriano para uma refeição caseira feita com todo o carinho por você. Não precisa ser nada *gourmet*, mas precisa ter sido preparada, com amor, por suas próprias mãos. Ignore quaisquer comentários sobre como ele teria feito melhor. Isso é o lado rabugento saindo para tomar ar; controle a língua e deixe-o relaxar e desfrutar de sua companhia, alguém que se importa com ele. Se tiver bichinhos domésticos ou crianças pequenas por perto, ele vai se sentir ainda melhor.

Ascendente ou Lua em Leão

Você vai ter de se esforçar um pouco mais para agradar um canceriano com características de Leão. Se não for o melhor, não vai funcionar. Ele vai querer sua atenção exclusiva e vai precisa de uma chance para extravasar. Você pode se oferecer para ajudar. "O que posso fazer" vai pegar bem, mas talvez você descubra que ele já tem a solução; o que ele quer é representar e mostrar como se sente quanto ao problema. Prepare-se para grandes encenações; esta é uma combinação que não costuma sofrer em silêncio.

Ascendente ou Lua em Virgem

Um virginiano/canceriano instável precisa de espaço e de um ambiente fresco e calmo. Ele estará preocupado com a saúde; por isso, qualquer conselho que Deepak Chopra sugira será útil, tal como assumir a responsabilidade pelas emoções, identificando em que ponto do corpo estão e que sensações despertam, anotando-as e libertando-as com um ritual, celebrando depois sua libertação. Pensar menos sempre ajuda, pois Virgem pensa demais; faça uso da Essência Floral de Bach *Centaury*, ela ajuda muito no caso de preocupações desenfreadas.

Ascendente ou Lua em Libra

Calma! Libra/Câncer será um poço de indecisão, e lembrá-lo disso não vai ajudar. Afaste-se de quaisquer decisões, não pergunte o que ele quer; nos momentos de perturbação, ele mal consegue pensar. Por isso, tome todas as decisões sobre almoço, compras, cozinha e refeições. Encontre alguma coisa realmente bonita e compartilhe-a com ele. Mostre algumas coisas belas e verdadeiras, leve-o para ver um belo pôr do sol, passeiem no campo ou num jardim bem cuidado. Se não tiver tempo ou dinheiro, ajuste o computador dele para que o papel de parede seja uma bela foto da natureza. Ouçam juntos alguma música suave. Simplesmente "seja".

Ascendente ou Lua em Escorpião

Você vai precisar ser firme e ter equilíbrio com um Escorpião/Câncer. Ser doce e mostrar brandura não vão funcionar. Se imaginar cores como vermelho-sangue escuro e coisas como levar uma picada de escorpião, dá para ter uma ideia. Ele quer tomar medidas drásticas para se sentir melhor. Com isso, ele pode deixar de lado a cautela e fazer alguma coisa completamente inadequada, motivo pelo qual sugiro que clientes com a combinação Escorpião/Câncer façam algo como escrever uma carta para a pessoa ou o problema em questão... e queimá-la... observando as chamas devorarem o problema. Se a intenção for profunda e significativa, isso vai funcionar tão bem quanto ações drásticas que depois seriam causa de arrependimento.

Ascendente ou Lua em Sagitário

Como signo de Fogo, Sagitário/Câncer vai querer se acalmar de forma rápida, física. Como ele gosta tanto de viagens para lugares distantes quanto de atividades filosóficas, uma rápida viagem para um país exótico e remoto funciona, bem como descobrir o "significado" daquilo que está acontecendo. Prepare-se para citar textos filosóficos como a Bíblia ou outras obras espirituais e mergulhe-o no "quadro maior". Ele não vai querer pensar em coisas triviais e sem importância durante uma crise pessoal, por isso não fique lembrando-o de coisas insignificantes. Mantenha o foco no que é relevante.

Ascendente ou Lua em Capricórnio

Como esta é uma combinação mais séria, seu Capricórnio/Câncer vai gostar de ouvir palavras sábias de alguém mais velho do que ele, que já passou por aquilo, fez a mesma coisa que o está preocupando e se saiu bem. Ele gosta de pensar em assuntos sérios, práticos e tradicionais, que têm significado; e quando está com problemas, prefere e reage melhor a conselhos sábios. Se você tem algum parente mais velho, arraste o seu Capricórnio/Câncer para conversar com ele, e ele poderá entender que "tudo vai dar certo". Para envelhecer, você teve de correr alguns riscos, e compreender como esse parente mais velho sobreviveu às suas próprias tragédias vai inspirar seu canceriano a se sair melhor. Se não conseguir alguém, conte-lhe como sua mãe, seu avô ou seu vizinho idoso enfrentou o problema, ou como alguém de quem você ouviu falar ou leu a respeito lidou com a questão. Use exemplos que contenham resultados e sentimentos.

Ascendente ou Lua em Aquário

Quem tem planetas em Aquário adora fazer coisas estranhas e malucas de vez em quando. Ele não segue o caminho "normal" da vida e prefere ser quase um forasteiro; assim, se a vida dele ficar instável, não imagine que ele vá voltar aos trilhos com soluções "normais". Uma coisa é certa: ele vai querer que seus amigos estejam por perto e vai gostar do apoio de organizações, clubes ou grupos com os quais tenha alguma afinidade. Em curto prazo, sair e respirar um pouco de ar puro ajuda, pois Aquário é um signo de Ar; respirar fundo e meditar também são coisas que lhe farão bem.

Ascendente ou Lua em Peixes

O signo do místico e espiritual Peixes/Câncer vai adorar as soluções mais esotéricas para os problemas, por isso você pode usar o Tarô dos Anjos e as essências florais para ajudá-lo. Ele também precisa de tempo e de espaço para se reconfigurar, pois é provável que tenha captado os sentimentos e as angústias de todo mundo, o que pode ter contribuído para os problemas atuais. Manter um diário de sonhos também ajuda nessas fases de insegurança.

Capítulo 8

☾ Táticas de cuidados ☾

Muito bem. Agora, você já conhece um pouco do signo de Câncer, a Lua e as partes mais importantes de um mapa astral. Agora, vamos ver como são os diversos cancerianos que você pode encontrar na vida real e como o signo se sai em cada situação. Falamos muito sobre mães e maternidade, mas obviamente nem todo nativo de Câncer é mulher. Conheço muitos homens de Câncer que são pais e não bancam as mães de seus filhos, mas que nutrem e cuidam deles. Alguns são pais caseiros e felizes, algo que deve ser estimulado. Não existe razão nenhuma nesta era moderna, em que homens podem se casar com homens, para que eles não possam cuidar dos filhos. A questão não é ser homem ou mulher, mas a natureza atenciosa e a capacidade de executar multitarefas. Pergunte a qualquer progenitor que já tenha preparado uma refeição, atendido ao telefone, impedido o bebê de engatinhar escada acima ou abaixo e respondido às perguntas de uma irmã mais velha e curiosa.

Seus Filhos de Câncer

*Abraços podem fazer muito bem –
especialmente para as crianças.*

– Princesa Diana

Seu filho de Câncer será um pacotinho de alegria ao nascer. O remédio homeopático do tipo constitutivo *Calc Carb* é bem canceriano. Eles gostam de contato tátil, não apreciam muito as mudanças, ficam sentados, encantados com as coisas, sorriem e gorgolejam quando são abraçados. Para que seu bebê de Câncer se sinta à vontade, basta liberar sua faceta interna de mãe cuidadosa e tudo vai entrar nos eixos.

Joanne é empresária e toca sua própria empresa. Ela me contou como foi *ser* uma criança de Câncer. Para que seu bebê de Câncer fique contente, você precisa levar *sempre* em consideração os sentimentos dele. Ela contou como sua mãe lidava com suas flutuações de humor:

"Eu ficava zangada e mal-humorada porque achava que não estava sendo ouvida; ela me deixava no meu quarto e me dizia para ficar lá, e o que acontecia é que eu ficava mais zangada ainda, porque estava isolada... e não tinha sido acolhida. Então, minhas emoções pioravam. Eu me lembro de chorar com vontade, de ficar muito mal e de demandava aquilo a extremos, e tinha de lidar com a sensação sozinha, o que levava um bom tempo; mas se alguém entrasse no quarto e dissesse 'Ei, o que está acontecendo? Conte o que houve, vamos conversar'... ou 'Trouxe isto para você' ou 'Tome esta comida' ou 'um lenço para seu rosto', alguma coisa que demonstrasse atenção, que fosse gentil, isso seria muito bom".

Não adianta ignorar os sentimentos de seus filhos cancerianos. Joanne explica melhor:

"Recebendo espaço para falar sobre nossas emoções, e ao falar delas, podemos sentir que estamos numa tempestade num copo d'água".

Quando eles tiverem idade suficiente para querer falar sobre como se sentem, esse negócio de "mandar para o quarto" não vai funcionar; na verdade, vai piorar as coisas. Às vezes, sinto que, de modo geral, as pessoas que não querem ouvir os sentimentos alheios não estão em contato com seus próprios sentimentos, mas não tenho muita certeza disso. É apenas uma sensação.

Algumas mães lidam com seus filhos cancerianos de maneiras um tanto radicais. Richard Branson conta que sua mãe usava uma tática um tanto drástica:

"Minha mãe estava determinada a nos tornar independentes. Quando eu tinha 4 anos, ela parou o carro a alguns quilômetros de nossa casa e me fez encontrar o caminho de casa pelo campo. Fiquei absolutamente perdido".

Maureen é uma dona de casa ariana e proprietária de uma pequena empresa, e tem um filho adolescente que é de Câncer. Ela mora e trabalha em Brighton, na Grã-Bretanha. Luke é canceriano com o Sol na 11ª casa, tem o Ascendente em Virgem e a Lua em Áries:

"Sempre foi forte e calado. Muito sensível, raramente demonstra isso, só faz cara de "espantado", mas está sempre certo quando diz qual o estado de humor das pessoas e o que elas pensam sobre ele.

Quer que todos estejam felizes como um grupo e que trabalhem como uma equipe.

Deseja uma vida harmoniosa.

Ele se expressa por meio de sua arte – pinta temas do jogo Warhammer e desenha personagens de ficção científica.

Gosta de estar com um grupo de amigos, mas fica feliz sozinho em casa.

Feliz por ser ele mesmo, e se as pessoas não gostam dele como ele é, tudo bem.

Ele defende um amigo e assume a culpa para abrandar uma situação".

Se fôssemos analisar seu mapa, diríamos que o tema da amizade está no Sol na 11ª casa o Ascendente em Virgem gosta dos desenhos detalhados e os outros atributos são definitivamente típicos de Câncer, especialmente isso de captar o humor dos outros.

Não estou sugerindo que você fique todo cauteloso com seu filho canceriano, imaginando que toda e qualquer coisa vá afetá-lo, mas lembre-se de que é importante levar em consideração o que ele sente com relação às coisas.

Não adianta perguntar "O que você *pensa* sobre isto ou aquilo"; é melhor perguntar "Como você se *sente*" com relação ao assunto em questão. Além disso, ajuda se você descobrir o estilo de aprendizado dele, adaptando-se de acordo.

Ele pode ser sinestésico, visual ou auditivo, e você deve se comunicar dessa forma para que ele o entenda.

A criança sinestésica vai precisar sentir fisicamente as coisas para compreendê-las e vai aprender tocando, segurando, fazendo coisas. Meu filho libriano é sinestésico e não adianta mostrar-lhe como fazer alguma coisa; ele precisa "fazê-la" por conta própria, precisa realmente vivenciar aquilo para compreender a questão. Quando eu quero que ele entenda o que estou dizendo, um toque em seu braço já resolve. Se o seu filho sinestésico não põe os sapatos, gritos, palavras e berros não vão funcionar; você precisa tocá-lo e dar-lhe instruções simples e em frases curtas.

A criança com estilo de aprendizado visual gosta de olhar para entender. Ela vai olhar nos seus olhos enquanto você fala e vai querer que você olhe para ela quando ela estiver falando. Mostre-lhe do que você está falando; fica mais fácil para ela entender. Eu sou visual e sinto que não estou sendo ouvida se alguém conversa comigo enquanto está olhando para seus pés, e me senti dessa forma durante anos até descobrir esses estilos de aprendizado. Também posso olhar para uma coisa e imitá-la, entendendo-a depois, e isso pode explicar por que gosto tanto de Astrologia, pois passo o dia inteiro olhando os mapas!

A criança auditiva vai entender as coisas ouvindo-as. Vai imitar suas palavras, emitir sons, ela precisa ouvir as coisas para entendê-las, pode ser boa em música ou canto, uma vez que se lembra melhor de sons. Com essas crianças, é melhor falar com clareza e dar instruções também com clareza, e você pode despertar o seu interesse por alguma coisa transformando-a numa música, num poema ou numa canção de ninar.

Ajuda descobrir antes o seu próprio estilo de aprendizado, ou do contrário verá o mundo apenas segundo o seu próprio ponto de vista (isso foi dito por uma pessoa visual!).

☾ Táticas de cuidados ☽

Seu Chefe Canceriano

Talvez você não saiba que seu chefe é de Câncer, especialmente se for UM chefe... até alguém da família dele ficar doente ou haver uma grande comemoração, como um aniversário de casamento, ou a mãe dele atingir uma idade redonda (70, 80)... aí ele vai se mostrar como é de fato.

Em uma pesquisa do site YouGov realizada em setembro de 2012, perguntaram a 2.010 pessoas o que elas achavam de seus superiores.

"As descobertas pintam um quadro positivo dos gerentes na Grã-Bretanha que não são microgerentes, com 47% dos entrevistados dizendo que têm liberdade para trabalhar sem interrupções. Eles também fazem com que seus funcionários se sintam confortáveis (47%), fazem críticas construtivas e pertinentes (36%) e mantêm a calma quando pressionados (33%).

Em última análise, os funcionários querem um gerente justo (30%), tranquilo (20%) e inspirador (19%), com sir Richard Branson no alto da lista (26%) de pessoa famosa que os trabalhadores escolheriam como gerente, com base em seu estilo administrativo".

Isso é muito interessante, pois Richard é canceriano, e qual a qualidade que os funcionários mais queriam? Alguém que os deixasse "*confortáveis*". Tive de rir sozinha quando li isso, pois a pesquisa parecia a descrição do chefe canceriano por excelência.

Richard tem Ascendente em Leão, e por isso não se incomoda de ficar sob os holofotes, mas seu Sol está na 12ª casa, por isso ele prefere comandar dos bastidores, um dilema para cancerianos com Ascendente em Leão. Uma parte deles quer aparecer e a outra quer se esconder. O senhor Branson tem a Lua em Virgem, e por isso seu estilo de gestão o leva a incluir todos esses pequenos detalhes de que seus funcionários gostam.

Bem, talvez seu chefe não seja nem um pouco como Richard Branson e tenha todas as qualidades negativas do Sol em Câncer, como o humor flutuante, mordaz e evasivo. Para tornar sua vida profissional mais suportável, ajuda descobrir tudo que puder sobre a família dele e incluir menções a ela sempre e quando puder. Se o seu chefe for mulher, algumas palavras sobre os entes queridos dela de vez em quando podem angariar-lhe pontos. Obviamente, nada disso vai funcionar se você não for sincero, pois um signo de Água médio vai perceber a cinquenta passos de distância que alguém o está apenas bajulando.

Um bom chefe canceriano vai querer que você faça "parte da família" e vai empregar com satisfação seus parentes se eles se mostrarem leais ao lema da empresa.

Sua Namorada Canceriana

Para namorar com sucesso uma canceriana, você terá de ser prático, centrado na Terra e saber abraçá-la e aconchegá-la. Você não precisa ser um gênio, nem o mais bem-sucedido da escola, nem ter um carrão ou parecer importante. Você só precisa ser honesto em suas emoções e ser razoavelmente esforçado em seu trabalho.

Temos aqui Zara, que mora em Londres, tem vinte e tantos anos e procura um parceiro:

> *"Gosto de nadar e de andar de bicicleta, mais do que outros esportes; eu fazia parte da equipe de natação da escola e só vou à acade-*

mia para uma sessão de spinning. Sinto-me mais à vontade com companhia masculina e gosto muito mais de falar de esportes/tecnologia/política do que de fazer como as outras garotas, que discutem seus rituais de beleza... Sou absolutamente viciada em chocolate, blogs sobre beleza e design de interiores, Skype e música. Gosto de acordar cedo, mas fico preguiçosa, com intermináveis xícaras de chá verde; longos banhos relaxantes – mas nunca quentes; adoro ler, ver, ouvir, saborear, rir, sentir, descobrir, aprender, analisar, compreender e... discordar. Sempre tenho uma opinião, mas prefiro mantê-la para mim mesma, tomando cuidado para ver com quem a compartilho. Como gosto de observar e contemplar, costumo interpretar corretamente as pessoas. Posso não ser um livro aberto e nem abrir meu coração para todos, mas achar uma chave para que eu me abra não é uma missão impossível, de modo algum".

Ela diz que está procurando alguém que seja:

"uma companhia divertida, alguém ambicioso, cheio de energia, apaixonado pela vida e por conhecimentos, inteligente e observador, sagaz e perceptivo, hábil e confiável, meigo e atencioso, uma pessoa de família com muita paciência e... olhos lindos!"

Sua namorada canceriana não vai precisar de demonstrações exageradas de afeto ou de programas caros, mas se você se lembrar do nome de seu cachorro/gato/bichinho de pelúcia/melhor amigo/algo predileto, será bom para você. Ela não vai esperar que você tatue o nome dela no seu braço, mas vai adorar caminhar com você sob o luar numa praia isolada, ainda mais se você escrever o nome dela na areia.

Se ela se dá bem com a família, você também vai se tornar parte dessa tribo. Se você der à mãe dela uma carona para ir às compras, ajudá-la na decoração da casa, conseguir passar a fiação numa tomada ou qualquer coisa remotamente hábil e doméstica, você também vai despertar seus desejos íntimos.

Não deixe de descobrir, logo no início do relacionamento, se ela quer ter filhos. Não adianta deixar para saber isso depois de alguns anos de namoro e esperar que ela mude de ideia, qualquer que seja o seu desejo. É um ponto sobre o qual ela tem certeza. Ou quer ou não quer. E se não quiser mesmo ser mãe, pode ter certeza de que vai querer um animal de estimação ou algum outro ser vivo que ela possa cobrir de afeto.

Seu Namorado Canceriano

Harry é motorista de caminhão e mora e trabalha no Texas. Ele fala do que gosta de fazer e conta o que o faz feliz:

"Pescar, dançar, jogar softbol, cantar no coral, nossa casa, cozinhar, minha parceira".

Como disse várias vezes, se você quiser se entender com alguém de um signo solar diferente do seu, vai precisar entender a vida segundo o ponto de vista dele.

Se você é uma sagitariana e gosta de ação, ficar com um canceriano caseiro pode ser divertido durante cinco minutos; depois, o formigueiro nos seus pés vai incomodar e você vai querer sair.

De modo geral, as pessoas se entendem melhor com alguém do mesmo elemento ou de um elemento complementar.

Sei o motivo astrológico para isso, mas infelizmente não posso lhe fornecer dados científicos ou evidências.

Sam está na faixa dos 40 e procura uma namorada. Ele fala um pouco a seu respeito:

> *"Atencioso, criativo, jovial (estou me cuidando!). Canceriano que estudou ciências, mas agora trabalha como autônomo. Desenho, faço e vendo peças de cerâmica e passo um bom tempo no campo ou no mar (gosto de barcos). Gosto de sair e de estar sozinho ou com companhia, mas não sou dessas pessoas que precisam de muita gente por perto para se sentirem vivas".*

E ele fala de seus gostos:

> *"Embora seja uma pessoa ativa, não sou fanático por agitação, e gosto de passar tanto tempo "sendo" quanto fazendo. A natureza é o melhor de todos os remédios. Hoje, moro em Gloucestershire, mas morei e trabalhei em Londres no passado e ainda visito a cidade regularmente. Na média, porém, prefiro o interior e o litoral, sempre.*
>
> *Creio que sou prático, e, além de fazer coisas, também posso consertá-las (e, às vezes, danificá-las também... hummm). Gosto de livros, coisas feitas à mão, de cultivar minha horta e de pessoas com estilo e boas maneiras. Não emito ondas negativas e prefiro olhar para o lado mais luminoso da vida. Tento praticar um pouco de meditação todos os dias, se possível. Sou despreocupado, tenho a mente aberta e estou pronto para a mulher certa. Onde será que ela está?"*

Adorei ele ter dito que gostava de fazer e de consertar coisas, e de coisas "feitas à mão". Se você quiser realmente tocar o coração de um canceriano, dê-lhe um presente feito por você mesma especialmente para ele, e o terá conquistado.

Seu canceriano vai preferir que você seja gentil e graciosa, se possível. Se não, ele vai querer que você guarde sentimentos como raiva e irritação para si mesma, sem sobrecarregá-lo com emoções negativas ou que possam magoá-lo. Li uma vez que, para saber como um homem vai tratá-la quando você for velha, descubra como ele trata a própria mãe. Não sei onde li isso, nem quando, mas no meu mundo isso é uma verdade. Alguém que trata bem a mãe também irá tratá-la bem quando os filhos estiverem crescidos e você estiver na sua cadeira de balanço.

Assim que possível, descubra em que signo está a Lua de seu namorado canceriano, pois esse será o caminho para seu coração. Está em Touro, desfrutando de boa comida, finanças estáveis e sexo intenso, ou em Sagitário, querendo explorar o mundo ou, no mínimo, a faceta espiritual da vida? Lembrar-se dessas duas coisas vai ajudá-la mais do que você imagina à medida que seu namoro progredir.

Procure conhecer a família dele assim que puder, pois será um caso de "quem me ama também ama a minha família"... e quanto melhor vocês se entenderem, mais leve será seu fardo.

O que Fazer Quando seu Relacionamento com um Canceriano Termina?

Signos de Fogo
Se o seu signo é de Fogo – Áries, Leão ou Sagitário –, você vai precisar de alguma coisa animada e excitante para ajudá-lo a superar o fim do relacionamento. Você também vai precisar usar o elemento do Fogo no processo de cura.

Compre uma bela vela noturna, acenda-a e recite:

"Eu... (seu nome) deixo você (nome do canceriano) ir, em liberdade e com amor, para que eu fique livre para atrair meu verdadeiro amor espiritual".

Deixe a vela num local seguro para que queime completamente; calcule uma hora, pelo menos. Enquanto isso, reúna quaisquer objetos pertencentes a seu (agora) ex-namorado e mande-os de volta para seu canceriano. É educado telefonar antes e avisar seu ex de que você está indo.

Se tiver fotos de vocês dois juntos, recordações ou até presentes, não se apresse em destruí-los como alguns signos de Fogo costumam fazer. É melhor deixá-los numa caixa no porão ou na garagem até você se sentir menos perturbado. Depois de alguns meses, vasculhe a caixa, mantenha as coisas de que gosta e doe aquilo de que não gosta.

Signos de Terra
Se o seu signo é de Terra – Touro, Virgem ou Capricórnio –, você vai se sentir menos propenso a fazer alguma coisa drástica ou extrema. Talvez você demore um pouco para recuperar o equilíbrio, por isso dê-se algumas semanas e no máximo três meses de luto.

Você vai usar o elemento Terra para ajudar em sua cura, que pode se dar com o uso de cristais.

Os melhores a se usar são aqueles associados com o seu signo solar e também com a proteção.

Touro = Esmeralda
Virgem = Ágata
Capricórnio = Ônix

Lave o cristal em água corrente. Embrulhe-o num lenço de seda e vá caminhar pelo campo. Quando encontrar um lugar apropriado, ou seja, silencioso e no qual você não será incomodado, cave um pequeno buraco e coloque o cristal no chão.

Passe alguns minutos pensando no seu relacionamento, nos bons e maus momentos. Perdoe-se por quaisquer erros que você possa ter cometido.

Imagine uma bela planta crescendo onde você enterrou o cristal e que a planta floresce e cresce com vigor.

Ela representa seu novo amor, que estará com você quando chegar o momento apropriado.

Signos de Ar

Se o seu signo for de Ar – Gêmeos, Libra ou Aquário –, talvez você queira conversar sobre o que aconteceu antes de terminar o relacionamento. Signos de ar precisam de razões e respostas e podem desperdiçar uma preciosa energia vital procurando essas respostas. Talvez seja preciso se encontrar com seu canceriano para lhe dizer exatamente o que pensa ou pensou sobre suas opiniões, suas ideias e seus pensamentos. Você também pode se sentir tentado a dizer o que pensa sobre ele agora, coisa que *não* recomendo.

É bem melhor expor seus pensamentos em forma tangível, escrevendo uma carta para seu ex-canceriano. Não é uma carta que deva ser enviada pelo correio, mas ao escrevê-la você precisa imprimir a mesma energia que colocaria *se fosse* mesmo enviá-la.

Escreva-lhe nestes termos:

"Caro canceriano,
Espero que você esteja feliz agora em sua vida nova, mas eis algumas coisas que eu queria que você soubesse e entendesse antes de dizer adeus".

Então, relacione todos os hábitos incômodos a que seu (agora) ex-canceriano se dedicava. A lista pode ter a extensão que você quiser. Inclua quantos detalhes desejar, abordando coisas como as vezes em que ele chorou no seu ombro, mas não o ajudou na solução daquele problema em seu trabalho, ou não quis assistir aos mesmos programas de TV que você queria. Escreva até não conseguir escrever mais, e encerre sua carta com algo similar ao seguinte:

"Embora não fôssemos feitos um para o outro, e eu tenha sofrido por isso, desejo-lhe felicidade em seu caminho".

Ou algum outro comentário positivo.

Depois, rasgue a carta em pedaços bem pequenos e ponha-os num pequeno frasco. Vamos usar o elemento do Ar para corrigir a situação.

Vá até um lugar ventoso e alto, como o topo de uma colina, e, quando achar que deve, abra o frasco e espalhe alguns pedaços aleatórios da carta ao vento. Não use a carta toda ou você corre o risco de levar uma multa por sujar o lugar, só o suficiente para ser significativo. Observe esses pedacinhos de papel voando ao longe e imagine-os conectando-se com os espíritos da natureza.

Agora, seu relacionamento terminou.

Signos de Água

Se o seu signo for de Água – nosso amigo Câncer, Escorpião ou Peixes –, pode ser mais difícil recuperar-se rapidamente desse relacionamento. Talvez você se flagre chorando em momentos inoportunos, ou ao ouvir a música "de vocês" no rádio, ou quando vir outros casais felizes na companhia um do outro. Você pode acordar à noite achando que arruinou sua vida e que o ex-canceriano está se divertindo. Como você já deve ter percebido, é pouco provável que isso esteja acontecendo. Seu ex deve estar tão abalado quanto você.

Portanto sua cura emocional precisa incorporar o elemento da água.

Como você é capaz de chorar pelo mundo, da próxima vez em que estiver se banhando em lágrimas, pegue uma gotinha e coloque-a num pequeno frasco. Mantenha um por perto para essa finalidade. Decore-o se quiser. Flores, estrelas ou coisinhas brilhantes.

Preencha o copo com água, ponha-o sobre a mesa e depois diga o seguinte:

"Este adorável relacionamento com você, ... (nome do canceriano), terminou.
Estendi-me através do tempo e do espaço para chegar até você.
Minhas lágrimas vão lavar a dor que sinto.
Tiro você de meu coração, de minha mente e de minha alma.
Partamos em paz".

Depois, beba lentamente a água. Imagine a dor dissolvendo-se e livrando você de toda a ansiedade e de toda a tristeza. Depois, passe as próximas semanas tratando-se bem. Se precisar conversar, procure alguém de confiança e se abra com essa pessoa. Tenha lenços de papel à mão.

Seu Amigo Canceriano

*Podemos viver sem religião e meditação,
mas não podemos sobreviver sem afeto humano.*

– Dalai Lama

A maioria das pessoas gosta de ter amigos, e os cancerianos não são diferentes. Jofrina é da Europa Oriental e está estudando redação criativa em uma universidade inglesa. Durante um bom tempo, teve aulas de canto, e eis o que ela tem a dizer sobre seu professor canceriano:

"São pessoas que percebem muito bem os sentimentos dos outros; geralmente, sabem exatamente o que dizer. Meu professor de canto poderia ser um bom conselheiro, sabe? Um dia, ele me disse que às vezes alguns alunos aparecem somente para conversar, mesmo depois de terem parado com as aulas. Eu mesma não tive aulas com ele por quase dois anos, mas às vezes eu o visito, pois acho que ele pode me compreender muito bem e diz as coisas certas que preciso ouvir. Definitivamente, é uma pessoa que pode me oferecer conforto e orientação. Quando comecei a ter aulas com ele, depois de alguns meses, todos começaram a perguntar como elas eram, e uma coisa que eu dizia para todos (e que é verdade) era 'Termino a lição, fecho a porta ao sair e sinto que quero viver'. Esta é minha impressão mais profunda da experiência com ele".

Temos aqui a capacidade canceriana de fazer alguém estar em sua companhia por conta de sua compreensão profunda da psique humana. Se o seu signo for de Ar ou de Fogo, não passe tempo demais com seu amigo canceriano, pois seu modo de vida emotivo pode fazer você ficar cansado e levá-los a brigas ou discussões. É melhor vê-lo regularmente, mas não frequentemente. É claro, se os seus mapas forem compatíveis, visitem-se com a frequência que desejarem. Signos de Água e de Terra fazem amizade mais facilmente com os cancerianos, pois têm empatia por suas emoções e oferecem ajuda quando as coisas não vão bem. Se vocês se entenderem, verá que após algum tempo você se tornou parte de uma "grande família", e então você será convidado para casamentos, batizados, enterros e reuniões familiares. Mostre respeito por essa inclusão, pois isso significa que ele realmente valoriza sua amizade. Se quiser dar um presente especial a seu amigo, dê algo feito por você mesmo; isso vai deixá-lo radiante. Tenho uma amiga canceriana que tricota meias maravilhosas e confortáveis. Se meus pés estão cansados ou frios no inverno, as lindas meias de minha amiga fazem com que meus pés se sintam maravilhosamente bem!

Sua Mãe Canceriana

Quero que eles entendam as emoções das pessoas,
as inseguranças das pessoas, os problemas das pessoas e
as esperanças e sonhos das pessoas.
– Princesa Diana

Ter uma mãe canceriana pode ser uma bênção ou uma maldição. Tudo depende do seu signo solar e do seu signo da Lua.

Se você for do tipo aéreo, cheio de ideias, se estiver querendo mudanças, pronto para trocar de casa a cada cinco minutos, ter uma mãe canceriana pode ser um problema.

Uma coisa é certa: ela vai amar os filhos incondicionalmente. Com os filhos pequenos, ela terá dificuldades para criticá-los, e verá seus primeiros passos e seu aprendizado como eventos maravilhosos. Eles são (espera-se) alvo de muito amor e carinho.

O príncipe William é canceriano com Ascendente em Sagitário, Sol na 7ª casa e Lua em Câncer. Sua mãe, a princesa Diana, também tinha Ascendente em Sagitário, Sol na 7ª casa e a Lua em Aquário. Se você mora na Inglaterra ou acompanha o noticiário, deve saber como o príncipe William valorizava sua mãe, e ainda o faz. Ele até deu o anel de noivado de sua mãe para sua esposa... Como os mapas de William e de Diana são tão parecidos, com o Sol no mesmo signo e na mesma casa, não deve surpreender o fato de William ser tão devotado e dedicado à sua memória e sua perda ter sido tão grande. Quando um entrevistador lhe pergunta sobre sua mãe, nunca escuta nada negativo a respeito dela, o que é muito bonito.

Os problemas acontecem quando você se afasta de sua mãe canceriana ou não mantém contato após se mudar. É então que sua mãe canceriana vai começar a ficar triste.

Grant é um sagitariano que gosta de aventuras e de diversão, com um Ascendente em Leão que diz "olhem para mim". Os signos de Fogo não têm muita paciência e querem as coisas o mais depressa possível. Ele considera sua mãe canceriana uma influência limitadora:

"Bem, o Ascendente em Leão adora o sol. O Ascendente em Sagitário adora o ar livre. Quase ganhei um cavalo quando era menino, mas minha mãe canceriana ficou preocupada, achando que eu ia me matar. Eu era famoso por cair de árvores. Adorava subir em árvores. Ainda gosto! Hehehe".

Suponho que a época mais difícil para ter uma mãe canceriana seja o começo da adolescência. Lá está você, com os hormônios em brasa, querendo sair todas as noites, sem voltar para casa para tomar lanche ou jantar, todo autossuficiente e independente. Talvez os problemas comecem aí. Pode ser melhor conversar com sua mãe, para que ela não entre em depressão porque seu "bebê" está saindo de casa. Lembre-se que qualquer presente que você lhe der vai ficar num lugar de destaque como um bem muito precioso. Você vai facilitar as coisas para sua mãe canceriana quando sair de casa. Você pode preparar um *baú do tesouro* para ela, com fotos e coisas de sua infância, para lembrá-la de que você ainda está por perto. E telefone para ela sempre. Ela se preocupa de verdade com o seu bem-estar.

Sheila Munro é uma das filhas da romancista canceriana Alice Munro.

"Minha mãe sempre me disse que queria ser o contrário de sua própria mãe, que ela considerava moralista, exigente, sufocante e manipuladora de suas emoções".

Porém o plano de Alice para não ser "sufocante" resultou no distanciamento dos filhos. Em seu livro *Lives of Mothers & Daughters*, Sheila conta como ela achava que sua mãe canceriana escreveria sobre ela e a família em seus romances, chegando a dizer:

"Ela era como a jovem mãe em [a conhecida história de Alice Munro] 'Miles City, Montana', que se vê como uma observadora afastada".

Sheila não critica sua mãe em seu livro, mas explica como é difícil ter como mãe alguém cuja cabeça esteja em outro lugar.

Bem, talvez sua mãe canceriana não seja famosa, como Diana ou Alice, o que também é bom, e espero que ela tenha gostado de criá-lo. Se não foi o caso, dê uma olhada no signo da Lua dela e ajude-a a satisfazer essa parte de seu mapa. Você vai ficar contente por ter feito isso quando vir a transformação. Para um canceriano, ter seu signo lunar reconhecido é um atalho para a verdadeira felicidade.

Seu Pai Canceriano

Ser pai é fingir que o presente de que você mais gosta
é um sabonete pendurado num cordão.
– Bill Cosby

É provável que seu pai canceriano seja um bom cozinheiro ou que saiba ao menos preparar uma refeição. Ele vai gostar de acompanhar seu crescimento. Contudo você pode desapontá-lo caso não queira unir-se a ele nos negócios da família. Alguns pais cancerianos que conheço têm sua própria empresa e adorariam que seus filhos a assumissem quando ficassem velhos demais para trabalhar ou se aposentassem. Imagino que muitas dessas antigas empresas do tipo "Smith e Filho" foram fundadas por cancerianos. Manter uma empresa assim na família é sempre uma prioridade.

No entanto, como tudo que é astrológico, vai depender do seu signo e do signo em que está a Lua de seu pai.

Você vai perceber que se o seu pai tem o Sol na primeira casa, ou tem a Lua em Áries, ele gosta de esportes ou de atividades físicas, e se o Sol dele está na 12ª ou na 4ª, ou a Lua está em Peixes, ele será mais brando e emotivo.

Meu conselho seria montar seu próprio mapa primeiro e compreender suas próprias necessidades antes de estudar o mapa de seu pai e ficar fazendo críticas. Tive alunos que montaram os mapas de familiares e ficaram espantados ao descobrir que "as coisas se encaixavam" com relação a seus pais. O mapa nos ajuda a entender as pessoas.

Como regra geral, seu pai canceriano deve apoiá-lo emocionalmente e não vai se incomodar com coisas como fraldas e bebês, ele vai gostar de ser pai. Ele também vai se preocupar com o dinheiro como um taurino, e, para um canceriano, o dinheiro representa segurança... algo que eles sempre buscam.

Marion é de Áries, casada com Tom; nós o conhecemos antes. Eles têm duas filhas.

"Ele trabalha muito e ainda cuida das compras de supermercado, varre a casa, esfrega o chão, faz consertos, cuida dos carros, do dinheiro (mantém registros detalhados, e eu preciso informar sobre tudo que gasto). Eu limpo a cozinha depois dele, limpo os banheiros, arrumo o quintal e cuido do lado social da família".

Ela diz ainda que:

"Preciso acrescentar que é difícil conhecê-lo, pois ele se recusa a opinar em questões controvertidas. Ele fica MUITO desconfortável

quando há pessoas discordando por perto, mesmo que seja uma troca de opiniões entre amigos. Ele tem dificuldade para resolver problemas, pois não aceita críticas (nem sugestões), por mais que sejam brandas. Acredito que antes ele pensava que precisava ser perfeito, mas acho que ele já superou isso. Ele não tem muita habilidade social, coisa que atribuo ao fato de ter sido filho único. Seus principais temas de conversa são comida, esportes, o tempo e o preço da gasolina".

Ele disse qual foi o evento mais memorável de sua vida:

"A Marinha. Ver um porta-aviões pela primeira vez. Era imenso. As pessoas que conheci. Visitei trinta países. Cresci na Marinha, aumentei 15 centímetros e engordei 16 quilos. Parei de ser exigente com a comida".

Marion diz:

"Ele entrou na Marinha quando saiu do ginásio. Era técnico de comunicações, e era bom no que fazia".

Perceba que o pai canceriano não tem nada de estranho, incomum ou maluco. Nada que destoe muito dessas coisas que todos nós gostaríamos de ter ainda mais: atenção, consideração e consistência.

O pai de Charlotte, aquariana, era de Câncer, e eu lhe perguntei se ela o achava sentimental. Eis sua resposta:

"Vou usar uma escala de 1 a 10, na qual 10 é o mais emotivo possível: papai era 8.

Se eu o vi chorar? Sim, quando minha mãe morreu, e foi só um pouco, ele abafou. Alguns anos depois, porém, quando seu gato morreu, ele me escreveu e admitiu que seus olhos ficaram ainda mais úmidos depois da morte do gato do que quando sua esposa morreu. (Eu lhe disse que isso era comum, principalmente porque a dor pela morte de um bicho de estimação não costuma ser compartilhada, mas suportada apenas pelo dono.)"

Seus Irmãos Cancerianos

Para se entender com seus irmãos cancerianos, mais uma vez, você vai precisar levar em conta não apenas o signo da Lua deles como os seus também. Se suas Luas se derem bem, você perceberá que isso vai reduzir bastante a angústia.

Eis uma jovem sagitariana que se desentendeu com sua irmã:

"Ela é sensível demais. Fica aborrecida com as menores coisas e depois fica bancando a magoada, o que é irritante. Ela tenta confrontar as pessoas, mas nem sabe o que quer. Ela gosta de parecer uma vítima inocente que só tenta ajudar as pessoas, mas ela não é assim".

Obviamente, esta jovem conhece as principais características de Câncer, mas acha que sua irmã abusa delas. Como o sagitariano é movido pela liberdade, essa irmã de Câncer, que adora o lar e a mamãe, que gosta de comida caseira e coisas aconchegantes, parece um contraste absoluto com sua necessidade pessoal de liberdade, de viajar, a eterna procura pelas "respostas para a vida, o universo... e tudo", o que torna menos provável o entendimento. Talvez sua irmã nunca saia de casa e fique cuidando de seus pais quando eles forem idosos, enquanto ela estará viajando pelo mundo e contemplando as Grandes Indagações da vida.

Espero que tenha se divertido lendo *Como Cuidar de um Canceriano* e tenha aprendido um pouco de Astrologia e como ela pode ajudá-lo a compreender alguém.

Se todos nos entendêssemos um pouco mais, talvez nos tornássemos pessoas melhores. Desejo a você toda a paz do mundo.

♋ Notas ♋

1. http://cdn.yougov.com/today_uk_import/YG-Archives-Life-YouGov-Horoscope-121010.pdf
2. *The Astrologers and Their Creed*, Christopher McIntosh, 1971, Arrow Books Ltd, selo do Hutchinson Group, Londres.
3. *Essentials Astronomy: A Beginner's Guide to the Sky at Night*, Paul Sutherland, 2007, Igloo Books Ltd.
   The Astronomy Handbook: Guide to the Night Sky, Clare Gibson, Kerswell Books Ltd.
4. *Return to the Moon: Exploration, Enterprise, and Energy in the Human Settlement of Space*, Harrison Schmitt, 2006, Springer Publishing Company, Nova York, NY 10036.
5. http://www.guardian.co.uk/theguardian/2007/oct/20/weekend7.weekend3
6. *The New Waite's Compendium of Natal Astrology*, Colin Evans, editado por Brian EF Gardener, 1967, Routledge and Kegan Paul Ltd, Londres, GB.
7. http://www.world-of-wisdom.com/02_software/interpreter.htm
8. *Astrology for Dummies*, Rae Orion, 1999, IDG Books Worldwide, Inc., Foster City, CA 94404.

9. *Linda Goodman's Sun Signs*, Linda Goodman, 1976, Pan Books Ltd, Londres SW10.
10. *The Instant Astrologer*, Felix Lyle e Bryan Aspland, 1998, Piatkus Books, Londres W1.
11. http://skywriter.wordpress.com/2011/07/29/your-interviewquestions-for-donna-part-2/

    The Moon in Your Life: Being a Lunar Type in a Solar World, Donna Cunningham, 1996, Weiser Books.

    The Art of Happiness: A Handbook for Living, HH Dalai Lama e Howard C. Cutler, MD, 1998, Hodder and Stoughton, Euston Road, Londres.

    Pesquisa do YouGov sobre empregos em Reed: http://tiny.cc/isztkw

    Lives of Mothers & Daughters: Growing Up with Alice Munro, Sheila Munro, 2002, McClelland & Stewart, Ltd.

♋ Informações adicionais ♋

The Astrological Association: www.astrologicalassociation.com

The Bach Centre, The Dr Edward Bach Centre, Mount Vernon, Bakers Lane, Brightwell-cum-Sotwell, Oxon, OX10 0PZ, GB – www.bachcentre.com

Site ético de namoro: www.natural-friends.com

Informações sobre Mapas Astrológicos

Informações sobre mapas e dados astrológicos de nascimento obtidos no astro-databank de www.astro.com e www.astrotheme.com.

Sem Dados de Nascimento Precisos

Aimée Ann Duffy, 25 de junho de 1984, Bangor, Gwynedd, Gales, Sol em Câncer, Lua em Áries.

Franz Kafka, 3 de julho de 1883, Praga, República Checa, Sol em Câncer, Lua em Gêmeos.

Tom Cruise, 3 de julho de 1962, Syracuse, Nova York, EUA, Sol em Câncer, Lua em Leão.

Kristen Anne Bell, 18 de julho de 1980, Huntington Woods, Michigan, EUA, Sol em Câncer, Lua em Libra.

Nelson Mandela, 18 de julho de 1918, Umtata, África do Sul (poss. 14h54), Ascendente em Sagitário, Sol na 8ª casa, Lua em Escorpião.

Cyndi Lauper, 22 de junho de 1953, Queens, Nova York, EUA, Sol em Câncer, Lua em Escorpião.

Ascendente

Bill Cosby, 12 de julho de 1937, Filadélfia, PA, EUA, 0h30, Ascendente em Áries, Sol na 3ª casa, Lua em Virgem.

Gerald Rudolph Ford, 14 de julho de 1913, Omaha, NE, EUA, 0h43, Ascendente em Touro, Sol na 3ª casa, Lua em Sagitário.

Alan Turing, 23 de junho de 1912, Londres, Inglaterra, GB, 2h15, Ascendente em Gêmeos, Sol na 1ª casa, Lua em Libra.

Brigitte Nielsen, 15 de julho de 1963, Copenhagen, Dinamarca, 6h20, Ascendente em Leão, Sol na 12ª casa, Lua em Touro.

Nancy Reagan (Anne Frances Robbins), 6 de julho de 1921, Manhattan, NY, EUA, 13h18, Ascendente em Libra, Sol na 9ª casa, Lua em Leão.

Robin Williams, 21 de julho de 1951, Chicago, IL, EUA, 13h34, Ascendente em Escorpião, Sol na 9ª casa, Lua em Peixes.

Hermann Hesse, 2 de julho de 1887, Calw, Alemanha, 18h30, Ascendente em Sagitário, Sol na 7ª casa, Lua em Peixes.

Edmund Hillary, 20 de julho de 1919, Papakura, Nova Zelândia, 16h00, Ascendente em Capricórnio, Sol na 7ª casa, Lua em Áries.

Emmeline Pankhurst, 14 de julho de 1858, Manchester, Inglaterra, GB, 21h30, Ascendente em Aquário, Sol na 6ª casa, Lua em Virgem.

Elisabeth Kübler-Ross, 8 de julho de 1926, Zurique, Suíça, 22h45, Ascendente em Peixes, Sol na 5ª casa, Lua em Câncer.

Ringo Starr, 7 de julho de 1940, Liverpool, Inglaterra, GB, 0h05, Ascendente em Peixes, Sol na 4ª casa, Lua em Leão.

Lua

Diana Rigg, 20 de julho de 1938, Doncaster, Inglaterra, GB, 2h00, Ascendente em Gêmeos, Sol na 2ª casa, Lua em Áries.

Meryl Streep, 22 de junho de 1949, Summit, NJ, EUA, 8h05, Ascendente em Leão, Sol na 11ª casa, Lua em Touro.

Courtney Love, 9 de julho de 1964, San Francisco, CA, EUA, 14h08, Ascendente em Libra, Sol na 9ª casa, Lua em Câncer.

George Michael, 25 de junho de 1963, Finchley, Londres, Inglaterra, GB, 6h00, Ascendente em Câncer, Sol na 12ª casa, Lua em Leão.

Harrison Schmitt, 3 de julho de 1935, Santa Rita, NM, EUA, 23h02, Ascendente em Peixes, Sol na 4ª casa, Lua em Leão.

Willem Dafoe, 22 de julho de 1955, Appleton, WI, EUA, 19h30, Ascendente em Aquário, Sol na 6ª casa, Lua em Virgem.

Dalai Lama XIV, 6 de julho de 1935, Tengster/Qinhai, China, 4h38, Ascendente em Câncer, Sol na 1ª casa, Lua em Virgem.

Marc Almond, 9 de julho de 1957, Southport, Inglaterra, GB, 5h00, Ascendente em Câncer, Sol na 1ª casa, Lua em Sagitário.

Ernest Hemingway, 21 de julho de 1899, Oak Park, IL, EUA, 8h00, Ascendente em Virgem, Sol na 11ª casa, Lua em Capricórnio.

Shelley von Strunckel, 15 de julho de 1946, Hollywood, CA, EUA, 16h42, Ascendente em Sagitário, Sol na 8ª casa, Lua em Aquário.

Cat Stevens, 21 de julho de 1948, Londres, Inglaterra, GB, 12h00, Ascendente em Libra, Sol na 10ª casa, Lua em Aquário.

Diana, princesa de Gales, 1º de julho de 1961, Sandringham, Inglaterra, GB, 19h45, Ascendente em Sagitário, Sol na 7ª casa, Lua em Aquário.

Casas

Jenny Seagrove, 4 de julho de 1958, Kuala Lumpur, Malásia, 0h38, Ascendente em Áries, Sol na 4ª casa, Lua em Aquário.

Charlotte Gainsbourg, 21 de julho de 1971, Londres, Inglaterra, GB, 22h00, Ascendente em Aquário, Sol na 6ª casa, Lua em Câncer.

Kris Kristofferson, 22 de junho de 1936, Brownsville, TX, EUA, 15h30, Ascendente em Escorpião, Sol na 8ª casa, Lua em Leão.

Adrian Duncan, 17 de julho de 1949, York, Inglaterra, GB, 11h46, Ascendente em Libra, Sol na 10ª casa, Lua em Áries.

Colin Hay, 29 de junho de 1953, Kilwinning, Escócia, GB, 10h20, Ascendente em Virgem, Sol na 11ª casa, Lua em Aquário.

Giorgio Armani, 11 de julho de 1934, Piacenza, Itália, 7h20, Ascendente em Leão, Sol na 12ª casa, Lua em Peixes.

Outras Menções

Alice Munro, 10 de julho de 1931, Wingham, Canadá, 21h00, Ascendente em Aquário, Sol na 6ª casa, Lua em Touro.